PFLANZEN DOKTOR

GÄRTNERN NACH BILDERN

Krankheiten erkennen und behandeln

Benzstraße 56, 71272 Renningen, Deutschland

www.garant-verlag.de

ISBN 978-3-7359-1885-7

Komplettproducing: twinbooks, München
Text und Lektorat: Eva Hutter, Melanie Goldmann, Jana Lösch für twinbooks, München

PFLANZEN DOKTOR

GÄRTNERN NACH BILDERN

Krankheiten erkennen und behandeln

garant

Inhalt

Symbole

STANDORT | **WASSERBEDARF** | **PILZE** | **BAKTERIEN, VIREN** | **SCHÄDLINGE** | **PFLEGEHINWEIS**

Vorwort

Die Natur steckt voller Leben. Nützlinge wie Bienen und Regenwürmer gehören genauso dazu wie Schädlinge und Pilze. Doch während wir uns über Erstere freuen, weil sie uns bei der Gartenarbeit helfen, könnten wir auf Letztere gut verzichten. Wie gut, dass es da Abhilfe gibt! Mit einigen Tricks sorgen Sie dafür, dass Sie Ihre Pflanzen von Anfang an gesund erhalten und stark gegen Krankheiten machen.

Blattläuse & Co. sind ärgerlich. Doch die Schädlinge liefern Ihnen gleichzeitig wichtige Hinweise: Wo sie sich wohlfühlen, fehlt den Pflanzen etwas. Ebenso gibt es passende Maßnahmen gegen Rost, Blattflecken und Fäule. Mit etwas Vorsorge lassen sich die weißen, roten oder braunen Beläge häufig vermeiden. Und falls es doch einmal zu Schädlingsbefall und Pilzkrankheiten kommt? Dann wissen Sie nach der Lektüre dieses Ratgebers, wie Sie diese wirkungsvoll bekämpfen.

Garten-, Zimmer-, Kübel- und Balkonpflanzen sind vor Krankheiten und Schädlingen nicht gefeit. Vor allem Pflegefehler sind der Grund, dass manche Pflanze ihre Blätter hängen lässt oder von Thripsen heimgesucht wird. Vorsorge ist deshalb besser als Nachsorge! Ob Zimmerpflanze oder Gemüsebeet im Garten: Damit Sie rasch handeln können, lohnt sich ein aufmerksames Auge. Schauen Sie sich Ihre Pflanzen genau an und kontrollieren Sie diese auf etwaigen Schädlingsbefall oder Krankheiten.

Im Kampf gegen Schädlinge stehen Sie übrigens nicht alleine da. Marienkäfer beispielsweise vertilgen Blattläuse, Schildläuse, Wanzen oder Spinnmilben und haben sich ihren Ruf als Glückskäfer mehr als verdient. Auch Laufkäfer sind ideale Aufpasser. Sie verrichten ihre Arbeit meist während der Nacht und fressen Kartoffelkäferlarven, Schneckeneier, Läuse, Milben & Co. Mit dem nötigen Grundwissen und den zahlreichen Tipps und Kniffen aus diesem Buch können Sie Ihre Garten-, Balkon- und Zimmerpflanzen das ganze Jahr über gesund halten. So steht reicher Ernte und bunter Blütenpracht nichts im Wege.

WAS MACHT PFLANZEN KRANK?

Präventive Maßnahmen für die Pflanzengesundheit

Die Rosen stehen in voller Blüte, die Kräuter gedeihen prächtig und die Tomatenpflanzen tragen erste Früchte. Damit so ein Garten keine Wunschvorstellung bleibt, gibt es einiges, was Sie selbst tun können. Auch Anfänger sollten sich trauen! Denn blühende Gartenoasen sind kein Hexenwerk. Mit der Zeit lernen Sie, auf was Sie beim Pflanzenkauf achten, welche Arten besonders widerstandsfähig sind und wie Sie Nützlinge von Schädlingen unterscheiden.

Langjährige Gärtner können auf ihren reichen Erfahrungsschatz zurückgreifen und wissen, welche Pflanzen sich bei ihnen an welchem Standort wohlfühlen. Doch auch sie probieren immer wieder Neues aus und nicht alles gelingt auf Anhieb. Wenn Sie zum ersten Mal einen Garten anlegen, ist vieles noch unbekannt. Doch mit etwas Ausdauer und Geduld zahlt sich Ihre Mühe auch aus. Unerfahrene Hobbygärtner sollten sich zunächst mit dem Boden und den Lichtverhältnissen beschäftigen, denn die unterschiedlichen Gewächse haben alle ihre eigenen Ansprüche. Belohnt werden Sie dann mit lang anhaltender Pflanzengesundheit.

ÄUSSERE BEDINGUNGEN, PFLANZENWAHL UND ANBAUTERMINE

Manche Pflanzenarten mögen einen sonnigen Standort, andere fühlen sich im Schatten wohler. Wenn Sie auf die Standortvorlieben achten, ist das der erste Schritt zu gesunden, robusten Pflanzen. Greifen Sie auf einheimische, an das Klima angepasste Zier- und Nutzpflanzen zurück. Sie sind widerstandsfähiger gegen Krankheiten und Schädlinge. Viele Gartenbaubetriebe haben sich auf alte Sorten sowie heimische Gehölze und Kräuter spezialisiert, die je nach Region besonders gut gedeihen. Pflanzen Sie diese zum bestmöglichen Termin, so verhindern Sie einen eventuellen Schädlingsbefall bereits im Vorfeld.

GUT GEPLANT IST HALB GEWONNEN

Bevor Sie mit der praktischen Arbeit im Garten beginnen, lohnt sich ein klein wenig Planung. Das zahlt sich später in jedem Fall aus. Überlegen Sie zunächst, welchen Zweck der Garten für Sie erfüllen soll und welcher Aufwand damit verbunden ist. Bei einem Nutzgarten mit viel Obst und Gemüse müssen Sie die Fruchtfolge beachten und sollten genügend Zeit für die Pflege einplanen. Blühende Sträucher und bunte Blumen erfreuen Sie im Ziergarten. Wenn sich häufig Kinder im Garten aufhalten, können Sie einen Spielbereich mit Rasen integrieren und sollten ungiftige Pflanzen wählen.

BODENANALYSE FÜR OPTIMALE STANDORTBEDINGUNGEN

Grundlage für ein gesundes Pflanzenwachstum ist auch ein optimaler Boden, der den Ansprüchen der einzelnen Gewächse gerecht wird. Bei Neuanlage eines Gartens oder vor der Neupflanzung lohnt es sich deshalb, eine Bodenprobe zu entnehmen. Besonders Gartenanfänger erhalten so Gewissheit über die Bodenbeschaffenheit. Bei der Bodenanalyse werden die Konzentrationen wichtiger Nährstoffe wie Magnesium, Phosphor und Kalium gemessen, die für das Wachstum und die Entwicklung gesunder Pflanzen notwendig sind. Zudem erfahren Sie mehr über die Bodenart und den pH-Wert. Neben den Ergebnissen erhalten Sie hilfreiche Tipps zur individuellen Bodenaufbereitung und präzise Düngeempfehlungen. Das hilft Ihnen, die einzelnen Gartenbereiche ideal auf die Ansprüche der geplanten Zier- oder Nutzpflanzen zu optimieren. Ausgelaugte oder nährstoffbedürftige Böden lassen sich zudem durch die Zugabe von organischem Dünger optimal vorbereiten. Danach können Sie die Pflanzen für die gewünschten Standorte auswählen.

WORAUF IST BEIM PFLANZENKAUF ZU ACHTEN?

Damit die Pflanzen gut gedeihen, wählen Sie diese entsprechend ihren Standortvorlieben – vollsonnig, halb- oder vollschattig sowie feucht, trocken oder karg – aus. Kaufen Sie nur gesunde und qualitativ hochwertige Ware, umso weniger müssen Sie sich über Krankheiten und Schädlinge ärgern. Nehmen Sie sich etwas Zeit und betrachten Sie die infrage kommenden Pflanzen genau hinsichtlich ge-

sunder Triebe, guter Verzweigung und unverletzter Rinde. Gesunde Wurzeln sich wichtig für das gute Anwachsen im Boden. Nur so kann die Pflanze ausreichend Wasser und Nährstoffe aufnehmen. Kaufen Sie daher nur Pflanzen mit dichtem und gut verzweigtem Wurzelwerk. Gesunde Wurzeln erkennen Sie auch an der hellen Farbe mit weißer Spitze. Beim Geruchstest sollte nichts unangenehm oder muffig riechen. Sehen Sie kleine Tiere am Wurzelballen krabbeln oder ist das Wurzelwerk beschädigt, kaufen Sie eine andere Pflanze. Auch die Blätter geben erste Hinweise. Sie sollten frisch und gesund aussehen und nicht eingerollt sein. Schauen Sie auch auf die Blattunterseite. Sehen Sie einen schwarzen Belag auf den Blättern, lassen Sie die Pflanze stehen, denn dies kannn auf Blattläuse hindeuten. Auch Pflanzen mit vertrockneten Blättern, mit langen, dünnen Trieben oder vollkommen ausgetrockneter Pflanzenerde werden Ihnen im Garten wenig Freude machen.

RESISTENTE UND WIDERSTANDSFÄHIGE SORTEN

In lokalen Fachgeschäften und Gärtnereien finden Sie regionale Pflanzen, die an das heimatliche Klima angepasst und robust gegen

Schädlinge und Krankheiten sind. Viele Pflanzenkrankheiten lassen sich auch durch die Wahl geeigneter Sorten beeinflussen. So gibt es beispielsweise mehltauresistente Apfel- und Stachelbeersorten oder winterharte Kübelpflanzen, die auch in unseren Breitengraden draußen überwintern können. Auch trockenheitstolerante Stauden, Blumen und Gräser sind für Hobbygärtner ideal. Ebenso mediterrane Kräuter wie Thymian und Lavendel, die lange blühen und den heimischen Küchenplan bereichern.

ALTE SORTEN SIND IM KOMMEN

Immer mehr Baumschulen bieten zudem alte, fast vergessene Obstsorten an. Diese haben sich an die regionalen Klimabedingungen gut angepasst, zeigen sich robust gegenüber Krankheiten und Schädlingen und belohnen mit reicher Ernte. Haben Sie Interesse an lokalen Apfel- und Birnensorten, fragen Sie bei örtlichen Baumschulen nach. Auch Besitzer von Streuobstwiesen wissen in der Regel über alte und lokale Sorten Bescheid. Für Apfel-Allergiker ist das insbesondere deshalb interessant, weil alte Apfelsorten wie beispielsweise Boskop oder Gravensteiner oft besser verträglich sind. Das liegt nach neuen Erkenntnissen am hohen Polyphenolgehalt dieser Apfelsorten. Polyphenole sind aromatische Verbindungen, die zu den sekundären Pflanzenstoffen gehören. Bei Äpfeln mit hohem Polyphenolgehalt wird das Fruchtfleisch beim Anschneiden eher braun, deshalb sind diese Sorten im Handel eher selten.

NÜTZLING ODER SCHÄDLING?

Ob Nützling oder Schädling, darüber können Gärtner vortrefflich diskutieren. Was für die einen ein Nützling ist, ist für andere ein Schädling. Im Garten sollte optimalerweise ein Gleichgewicht der Natur herrschen. So gibt es viele Nützlinge, die Schädlinge als Nahrungsquelle benötigen. Wichtig ist also, die Balance zwischen Nützlingen und Schädlingen nicht zu stören. Durch den Einsatz von chemischen Pflanzenschutzmitteln wird diese gefährdet. Zudem töten Pestizide nicht nur Schädlinge im Garten, sondern auch hilfreiche Nützlinge. Und dann fehlen die Florfliegen zum Bekämpfen der Blattläuse oder die Bienen zum Bestäuben. Außerdem erholen sich schädliche Insekten deutlich schneller, da sie ganzjährig auf pflanzliche Nahrungsquellen im Garten zugreifen können. Die Nützlinge kommen erst dann wieder in Ihren Garten zurück, wenn ausreichend Schädlinge als Nahrung vorhanden sind.

ERSTE HILFE BEI KRANKHEITEN UND SCHÄDLINGEN

Auch ohne gleich die chemische Keule zu schwingen, können Sie einiges tun. Schneckenzäune und Vliese oder Netze schützen Ihre Pflanzen, maßvolles Düngen kräftigt sie. Entdecken Sie bei Ihrem täglichen Gartenrundgang Schädlinge auf Blättern, sammeln Sie diese sofort ab. So verhindern Sie deren Vermehrung und beugen größeren Schäden vor. Stärkende Pflanzenextrakte wie selbst angesetzte Spritzbrühen machen Ihre Pflanzen stark und widerstandsfähig. Schaffen Sie in Ihrem Garten natürliche Unterschlüpfe, witterungsgeschützte Verstecke und Brutstätten für Nützlinge. So haben Sie die „Erste-Hilfe" bei Krankheiten und Schädlingen im Bedarfsfall sofort zur Hand. Reicht das nicht aus, hilft beispielsweise ein tägliches, ausgiebiges Tauchbad der Kübelpflanzen gegen Ameisen- und Blattlausbefall. Sträucher erhalten eine starke Dusche mit dem Gartenschlauch. Denken Sie auch an die Blattunterseiten! Auch Brennnesselsud hilft effektiv gegen Blattläuse.

Bakterien und Viren

Bakterien und Viren

Von Bakterien verursachte Pflanzenkrankheiten zeigen Merkmale wie welke Blätter oder Stängel, Blattflecken, Fäule oder Wucherungen. Einige Bakterienarten haben sich auf bestimmte Pflanzen spezialisiert. Virusinfizierte Pflanzen wachsen schlechter, Triebe verkümmern oder sterben vorzeitig ab. Übertragen werden Viren beispielsweise von Blattläusen und Zikaden.

Bakterien- und Viruserkrankungen kommen eher selten bei Garten-, Balkon- oder Zimmerpflanzen vor, allerdings sind die Folgeschäden oft gravierend. Eine gezielte Bekämpfung ist schwierig, da es derzeit keine zugelassenen Pflanzenschutzmittel gibt. Befallene Pflanzenteile sollten sofort entfernt werden, um ein Ausbreiten zu verhindern. Vorbeugend sollten Sie auf resistente Sorten zurückzugreifen, da diese widerstandsfähiger sind.

GEFÄHRLICHER FEUERBRAND

Eine gefürchtete Bakterienkrankheit, die vorwiegend bei Obst- und Ziergehölzen auftritt, ist der Feuerbrand. Er wird durch das hochinfektiöse Bakterium *Erwinia amylovora* ausgelöst. Das Bakterium nistet sich in den holzigen Pflanzenteilen ein und vermehrt sich darin. Die Infektionszeit liegt zwischen Frühjahr und Sommer, wenn schwülwarmes Wetter herrscht. Aus den erkrankten Stellen kann Bakterienschleim austreten, der von Wind und Regen, aber auch von Insekten und Vögeln rasch auf Blätter, Triebe und Knospen sowie auf andere Pflanzen übertragen wird. Auch verschmutzte Schnittwerkzeuge können die Krankheit von einer Pflanze auf die andere übertragen. Erkennbar ist Feuerbrand durch welkende und sich braun verfärbende Blätter und Blüten. Die befallenen Pflanzenteile werden dunkelbraun bis schwarz und sehen aus wie verbrannt – daher auch die Krankheitsbezeichnung. Bei älteren Pflanzen kann sich das Bakterium häufig über mehrere Jahre ausbreiten, bis die Pflanze schließlich abstirbt.

VIRALE KRANKHEITEN

Zu diesen Krankheiten zählen u. a. die Blattrollkrankheit, Krankheiten durch Mosaikviren, Gelbstreifigkeit oder die Scharka-Krankheit. Letztere ist meldepflichtig. Typische Symptome von Virusinfektionen sind Muster auf den Blättern, Gelbfärben der Blätter oder Verformungen an Früchten. Anfällig sind Gemüsepflanzen wie beispielsweise Kartoffeln, Gurken, Zucchini und Kürbisse. Auch Zierpflanzen können befallen werden. Da Viren die gesamte Pflanze befallen, hilft das Abschneiden kranker Triebe nicht, denn die Viren verteilen sich über den Pflanzensaft in der gesamten Pflanze. Befallene Pflanzenreste gehören nicht auf den Kompost, sondern in den Hausmüll. Eine direkte Bekämpfung von Viruserkrankungen ist durch Pflanzenschutzmittel nicht möglich.

TIPP

» In Deutschland ist bereits der Verdacht auf Feuerbrand meldepflichtig. Ansprechpartner ist das zuständige Pflanzenschutz- und Ordnungsamt. «

Erkennt man im Frühjahr oder Frühsommer auf den Blättern von Kirschen, Zwetschgen, Pflaumen, Aprikosen und Pfirsichen Flecken mit hellgrünen bis gelben Rändern, kann dies auf Bakterienbrand hindeuten.

1 Bakterienbrand

2 Feuerbrand

Der gefährliche Feuerbrand, der vor allem Kernobst befällt, äußert sich durch welkende Blätter und Blüten, die sich braun oder schwarz verfärben, und hakenförmig nach unten gekrümmte Triebspitzen.

3 Bakterielle Fleckenkrankheit

An Paprika und Tomaten tritt die bakterielle Fleckenkrankheit auf. An den Früchten bilden sich kleine erhabene, dunkle Stellen, die sich im weiteren Verlauf vergrößern und rau und schorfig werden können.

ÜBERTRAGUNG DURCH SCHÄDLINGE

Schädlinge wie Blattläuse und Zikaden sind häufig Überträger von viralen und bakteriellen Erkrankungen. Oftmals geht von den so übertragenen Viren und Bakterien eine größere Gefahr aus als von den Insekten selbst. Sorgen Sie daher für eine frühzeitige Bekämpfung von Schädlingen, um Ihre Pflanzen gesund zu halten.

Pseudomonas-Bakterien verursachen verschiedene Pflanzenschäden. Hierzu gehören z. B. dunkle Blatt- und Fruchtflecken, Blütenfäule, Rindennekrosen (Rindenbrand) sowie Trieb- und Baumsterben.

4 Pseudomonas-Infektionen

5 Mosaikvirus

Helle Blattflecken und nach unten gebogene Blattränder können auf eine Infektion durch das Mosaikvirus hinweisen. Es befällt verschiedene Pflanzen, darunter auch Gurken, Wassermelonen und Zucchini.

PSEUDOMONAS-ERREGER

Zu dieser Bakteriengattung zählen Erreger, die je nach Art verschiedene Erkrankungsfolgen wie z. B. Bakterienbrand, Weichfäule, Kastaniensterben oder die Tuberkelkrankheit bei Oliven hervorrufen. Da die Infektion oft geschwächte Pflanzen betrifft, sollte man diese durch abgestimmte Kulturbedingungen und Pflegemaßnahmen stärken.

6 Scharkavirus

Die Scharka-Krankheit ist eine Viruserkrankung und kommt bei vielen Steinobstarten wie Pflaumen und Zwetschgen vor. Zum Schadbild gehören ring- oder wolkenförmige Aufhellungen bis hin zu nekrotischen Flecken auf den Blättern.

Schorfkrankheiten werden meist von Pilzen verursacht. Eine Ausnahme ist der durch das Bakterium *Streptomyces scabiei* verursachte Kartoffelschorf, bei dem die Knollenschale braune, rissige Flecken aufweist.

7 Bakterieller Schorf

8 Ringflecken- und Bronzefleckenkrankheit

Die virusbedingte Ringfleckenkrankheit verursacht ringförmige gelbliche Verfärbungen auf den Blättern von Birn- und Süßkirschenbäumen. Ähnliche Symptome zeigen sich beim Bronzefleckenvirus an Tomaten.

Diese Viruserkrankung wird durch Blattläuse übertragen. Sie betrifft Kartoffeln und Tomaten und zeigt sich an nach oben eingerollten, aufgehellten, metallisch aussehenden, trockenen Blättern.

9 Blattrollkrankheit

APFELTRIEBSUCHT:

Durch Phytoplasmen, also zellwandfreie Bakterien, wird die Apfeltriebsucht übertragen. Hauptsymptome, die sich im Herbst bemerkbar machen, sind vergrößerte Nebenblätter, besenartiger Wuchs und kleine Früchte. Da sich die Krankheit schnell auf andere Apfelbäume ausbreitet, sollten betroffene Bäume möglichst gerodet werden.

Gefürchteter Pilzbefall

Gefürchteter Pilzbefall

Pilze sind die häufigsten Verursacher von Pflanzenkrankheiten wie etwa Schorf, Rost, Kraut- oder Braunfäule oder auch Mehltau. Dabei können nur einzelne Pflanzenteile oder auch die gesamte Pflanze befallen werden. Charakteristische Symptome sind unter anderem farbige Flecken auf Blättern, mehlartige oder pelzige Beläge sowie Sporenlager, über die sich der Pilz verbreitet.

Um Ihre Pflanzen vor Pilzkrankheiten zu schützen, sollten Sie den Pilzsporen ihren Nährboden entziehen. Viele Pilze mögen es warm und feucht. Halten Sie deshalb ausreichend große Pflanzabstände ein, so können die Pflanzen nach einem Regenschauer schneller trocknen. Zudem vertragen die meisten Gemüsearten das Gießen in Bodennähe besser als Wasser von oben. So bleiben die Blätter trocken. Sorgen Sie außerdem für einen gesunden, nährstoffreichen Boden. Überdüngen Sie aber nicht, das macht die Pflanzen anfälliger. Mit biologischen Brühen und Jauchen stärken Sie zudem die Widerstandkraft Ihrer Gemüse- und Zierpflanzen.

SCHORF UND MEHLTAU

Schorf tritt beispielsweise bei Apfel und Birne auf. Die Blätter und Früchte bekommen rundliche, olivgrüne, später braune Flecken und die Früchte bleiben sehr klein. Die Blätter trocknen ein und fallen ab. Da der Schorfpilz im Falllaub überwintert, sollten im Herbst die kranken Blätter aufgelesen und entsorgt werden. Häufige Niederschläge, bei denen die Blätter nicht rasch abtrocknen können, sorgen in Verbindung mit warmem Wetter für die Ausbreitung des Pilzes. Achten Sie deshalb beim Baumschnitt auf einen lichten Kronenaufbau, damit die Blätter nach Regengüssen schneller trocknen. Um Pilze bei Apfel und Birne zu vermeiden, sind ein geeigneter Standort und pilzresistente Sorten empfehlenswert. Mehltau tritt sowohl an Stauden, Gehölzen sowie Obst und Gemüse auf. Während der Echte Mehltau sonniges, warmes Wetter bevorzugt, mag es der Falsche Mehltau feucht. Vorbeugend sollten Sie resistente und wenig anfällige Sorten pflanzen und nicht zu dicht aneinandersetzen. Bei Pflanzen im Gewächshaus sollten Sie aufgrund der hohen Luftfeuchte immer ausreichend lüften. Das gilt besonders für Kleingewächshäuser.

ROSEN SIND OFT GEFÄHRDET

Schon kurz nach dem Austrieb werden Rosen häufig von Pilzkrankheiten wie Echtem Mehltau, Rosenrost und Sternrußtau befallen. Um eine Ausbreitung von Pilzkrankheiten zu vermeiden, sollten kranke Blätter sofort entfernt werden. Befallene Triebspitzen werden zurückgeschnitten.

TIPP

» Sind Sie nicht sicher, ob Ihre Pflanze von einem Pilz befallen ist, bieten einige Landwirtschaftskammern kostenpflichtige Untersuchungen an. «

1 Feuchtigkeit schadet

Pilze lieben Feuchtigkeit. Vermeiden Sie daher Staunässe und gießen Sie nicht auf Blätter, sondern nur auf Erde und Wurzeln. Wählen Sie einen ausreichend sonnigen Standort und sorgen Sie durch Abstände zu Wänden sowie zwischen den Pflanzen für eine gute Belüftung.

PFLANZEN SCHNEIDEN: Wenn die Pflanzen mit der Zeit zu dicht wachsen, sollten Sie für eine bessere Durchlüftung zur Gartenschere greifen. Ebenso wie das Düngen kann ein regelmäßiger Beschnitt die Pflanzen zudem kräftig und gesund erhalten und so einem Pilzbefall vorbeugen.

3 Sprühfleckenkrankheit

Ab Mitte Mai/Anfang Juni macht sich die Sprühfleckenkrankheit an Süß- und Sauerkirschen vor allem durch kleine rötlich-violette bis bräunliche Flecken auf der Blattoberseite bemerkbar.

Braune, leicht eingefallene und rissige Flecken auf den Früchten und fleckige Blätter an Apfelbäumen deuten auf Apfelschorf hin. Vorbeugen können Sie mit der Wahl resistenter Sorten.

2 Apfelschorf

4 Laub entsorgen

Pilze breiten sich über feuchte Blätter aus, und Pilzsporen sind mit bloßem Auge oft nicht erkennbar. Entfernen Sie daher abgeworfenes Laub stets mit einem Laubrechen und entsorgen Sie es im Zweifel im Biomüll.

ZWISCHENWIRTE VERMEIDEN

Um Rostpilzen vorzubeugen, sollten Sie die Nähe zu Zwischenwirten meiden (z. B. in der Nähe von Birnbäumen keine Wacholder pflanzen).

Unregelmäßige, orangerote Flecken hinterlässt der Birnengitterrost ab Mai und Juni auf den Blattoberseiten der befallenen Bäume. Die Gehölze werfen früh viel Laub ab und werden stark geschwächt.

5 Birnengitterrost

6 Auffällige Sporenlager bei Birnengitterrost

An der Blattunterseite der von Birnengitterrost betroffenen Birnbäume lassen sich warzenartige Verdickungen feststellen, in denen die schnell um sich greifenden Pilzsporen heranreifen.

Rosterkrankungen wie z. B. Maisrost betreffen verschiedene Pflanzen und äußern sich durch rostfarbene punkt-, ring- oder strichförmige Sporenlager.

7 Rosterkrankungen

Der am weißlichen, leicht abwischbaren Belag auf der Blattoberseite zu erkennende Echte Mehltau kommt z. B. bei Rosen vor und wird u. a. durch Lichtmangel und falsche Düngung gefördert.

8 Echter Mehltau an Rosen

ROBUSTE ROSENSORTEN

Rosen, die resistent gegen Echten Mehltau, Rosenrost und Sternrußtau sind, gibt es nicht. Besonders widerstandsfähig und selten befallen sind ADR-Rosen (ADR = Allgemeine Deutsche Rosenneuheitenprüfung). Achten Sie daher beim Rosenkauf für Neuanpflanzungen auf das ADR-Zeichen.

Im Gegensatz zum Echten Mehltau tritt der weißliche Pilzbelag beim Falschen Mehltau auf der Blattunterseite auf. Auf der Blattoberseite zeigen sich wie bei dieser Gurkenpflanze gelbbraune Flecken.

9 Falscher Mehltau bei Gurken

10 Grauschimmel

Die durch den Schimmelpilz *Botrytis cinerea* ausgelöste Krankheit befällt über 235 Wirtspflanzen wie z. B. Erdbeeren. Auf den betroffenen Pflanzenteilen bildet sich ein mausgrauer Pilzrasen.

Schädlings-
befall

TIPP

„Statt mit Chemie lassen sich Blattläuse günstig und wirkungsvoll natürlich bekämpfen – mit Brennnesselbrühe, einem Sud aus Waschnüssen oder Neemöl. Auch Knoblauch hilft!"

Schädlingsbefall

Blattläuse, Schnecken & Co. machen vielen Gärtnern das Leben schwer. Angefressene oder löchrige Blätter, faulige Früchte, Schleimspuren und viele weitere Ärgernisse deuten auf ungebetene Besucher im Garten hin. Doch was sind das für Schädlinge und was kann man dagegen tun? Oft erkennt man bereits an den Fraßspuren, um welchen Schädling es sich handelt.

Im Gegensatz zu Pflanzenkrankheiten erkennen Sie viele Schädlinge bereits mit bloßem Auge. Sie schädigen die Pflanzen, indem sie an Pflanzenteilen fressen oder saugen. Dabei hinterlassen sie typische Fraßspuren an Blättern, Trieben und Wurzeln. Mit etwas Erfahrung wissen Sie schon bald, um welche Schädlinge es sich handelt. Sie erkennen sie am Aussehen sowie an den Spuren, die sie an Ihren Zierpflanzen, Obstbäumen und Gemüsepflanzen hinterlassen.

BLATTLÄUSE LIEBEN GEMÜSE, ROSEN, STAUDEN UND GEHÖLZE

Die Blattlaus gehört zu den häufigsten Schädlingen im Garten und bei Zimmerpflanzen. Die kleinen Insekten befallen sowohl Nutz- als auch Zierpflanzen. Etwa 650 Arten sind in unseren Breitengraden verbreitet, wobei Blattläuse sehr anpassungsfähig sind und sich unter günstigen Bedingungen rasch vermehren. Sie ernähren sich von dem zuckerhaltigen Pflanzensaft, den sie mit ihren Stechrüsseln aus den Pflanzen saugen. Haben sie eine Pflanze befallen, vermehren sie sich meist sehr rasch. Entdecken Sie Blattläuse auf Ihren Pflanzen, sollten Sie deshalb schnell handeln. In der Regel erkennen Sie die Tierchen mit bloßem Auge. Ein weiterer Hinweis ist der klebrige Belag, der sogenannte Honigtau, den die Läuse auf den Pflanzen hinterlassen. Er ist zudem ein idealer Nährboden für verschiedene Pilze – ein weiterer Grund, Blattläuse gezielt und schnell zu bekämpfen. Bei nur geringem Befall hilft das Abspritzen mit einem kräftigen Wasserstrahl. Reicht das nicht aus, können Pflanzenschutzmittel eingesetzt werden. Nützlinge wie Schlupfwespen, Gallmücken und Florfliegen helfen im Kampf gegen Blattläuse. Auch der heimische Marienkäfer vertilgt die Läuse gerne.

UNBEKANNTE SCHÄDLINGE AUF DEN PFLANZEN

Sind Sie sich unsicher, welcher Art von Schädling Ihre Pflanzen befallen hat, können Sie eine Pflanzenprobe mit Schädlingen an den Pflanzenschutzdienst der Landwirtschaftskammern einschicken. Hier bekommen Sie neben der Diagnose auch hilfreiche Tipps zur Bekämpfung. Doch einiges können Sie vorab auch selbst tun und werden schnell merken, dass Sie viele Schädlinge bereits von Ihren Zimmer- und Kübelpflanzen kennen.

1 Grüne Blattläuse

Unter den rund 650 hierzulande verbreiteten Blattläusen gibt es schwarze, grüne, gelbliche, rötliche oder hellgraue Arten. Zu den grünen Blattläusen zählen z. B. die Große Rosenblattlaus, die Grüne Apfelblattlaus und die Grüne Pfirsichblattlaus.

Zu den häufig auftretenden schwarzen oder braunen Blattlausarten, die gut auf den Pflanzen zu erkennen sind, gehören z. B. die Schwarze Bohnenlaus und die Schwarze Kirschenblattlaus.

2 Schwarze oder braune Blattläuse

3 Schildläuse

Wollige Napfschildlaus an einem Oleander. Bei diesen Schildläusen handelt es sich um die Weibchen verschiedener Schildlausarten, die sich mit langen Stechrüsseln vom Pflanzensaft ernähren.

SCHÄDLICHER HONIGTAU

Ein größeres Problem als Saugschäden durch Blattläuse, Schildläuse und andere Insekten ist der von ihnen ausgeschiedene Honigtau. Die klebrigen Exkremente können schnell eine ganze Pflanze überziehen. Darauf können sich dann Schwärze- und Rußtaupilze ansiedeln, die wiederum die Photosyntheseleistung der Pflanze behindern, wodurch diese nach und nach verkümmert.

4 Käfer

↑ Verschiedene Arten von Käfern zählen zu den Pflanzenschädlingen. Zu den häufigsten gehören Kartoffel- und Rosenkäfer sowie der Gefurchte Dickmaulrüssler (siehe Bild), dessen Larven an Pflanzen noch größere Schäden anrichten als der ausgewachsene Käfer.

↓ Die bräunlichen Raupen des Großen Forstspanners und die hellgrünen des Kleinen Forstspanners (siehe Bild) verursachen große Fraßschäden an Obstbäumen. Kohlgewächse hingegen sind vor Kohlweißlingsraupen nicht sicher.

5 Schmetterlingsraupen

6 Schnecken

↑ Generell sind Schnecken vielen Gärtnern ein Dorn im Auge. Wirklich problematisch sind jedoch nur bestimmte Nacktschneckenarten, die Fraßschäden an Gemüse, Erdbeeren und Zierpflanzen verursachen.

Ein klassischer Schädling für Beeren- und auch Zimmerpflanzen ist die Spinnmilbe, gut zu erkennen an hellen, feinen Sprenkeln auf der Blattoberseite und feinen Spinnfäden zwischen den Pflanzenteilen.

7 Spinnmilben

8 Weiße Fliege

Die zu den Mottenschildläusen gehörenden Schädlinge lieben es warm und feucht und machen sich häufig erst dann bemerkbar, wenn der Befall an den typischen gelb gesprenkelten Blättern sichtbar wird.

Die dunkelbraunen Thripse saugen den Pflanzensaft und begünstigen Pilzsporen und Viren. Ein Befall, der besonders häufig bei Zimmerpflanzen vorkommt, zeigt sich an silbrig gesprenkelten Blättern.

9 Thripse

MINIERMOTTEN UND -FLIEGEN:

Hierzu zählen viele Arten wie z. B. die Flieder- oder Azaleenmotte oder die Thujaminiermotte. Die Fraßspuren der Mottenlarven sind an gelben oder braunen Flecken, die der Fliegenlarven an weißen Gängen auf den Blättern zu erkennen. Befallene Blätter sollten entfernt und vernichtet werden. Oft helfen Hausmittel wie z. B. Brennnesseljauche.

Krank durch Pflegefehler

Krank durch Pflegefehler

Neben Krankheiten und Schädlingen können Pflegefehler zu kümmernden Zimmer- und Gartenpflanzen führen. Auch wenn es gut gemeint ist: Zu viel Gießen und Düngen schadet eher, als dass es nützt. Ebenso schädlich sind ein falscher Standort, eine schlechte Bodenqualität oder die falsche Wundpflege bei Gehölzen. Weitere häufige Pflegefehler im Garten: Mischkulturen und Fruchtfolge werden nicht beachtet.

Schäden an Pflanzen entstehen in der Regel direkt durch Schädlingsbefall oder Krankheiten. Vielfach sind es aber auch Pflegefehler, die zu Mangelerscheinungen führen, die Schädlinge anlocken und Krankheiten begünstigen.

PFLEGEFEHLER VERMEIDEN

Damit sich Ihre Garten- und Nutzpflanzen optimal entwickeln, brauchen sie einen geeigneten Boden und ausreichende Nährstoffe. Stehen sie dann noch am passenden Standort, werden die Pflanzen seltener krank. Auch durch richtiges Gießen tragen Sie dazu bei, Ihre Pflanzen vor Krankheiten zu schützen. Bei durchlässigen Böden und einer guten Bodenpflege kommt Staunässe nicht vor. Wässern Sie hier nach individuellem Bedarf der jeweiligen Pflanzen und nutzen Sie am besten Regenwasser. Zu hartes, kalkhaltiges Wasser kann Ihre Pflanzen krank machen. Beim Gießen können Sie sich an folgende Regel halten: Nicht zu oft, aber gründlich gießen. So bilden die Pflanzen tief reichende Wurzeln, mit denen sie auch in Trockenzeiten zum Wasser in den tieferen Bodenschichten gelangen können und auf diese Weise besser vor Trockenschäden geschützt sind. Die beste Tageszeit für das Gießen sind die Morgenstunden, damit die Pflanzen gut abtrocknen können.

RICHTIG DÜNGEN

Wenn Sie beim Düngen unsicher sind, empfiehlt sich eine Bodenanalyse, um die Qualität des Bodens und das vorhandene Nährstoffangebot zu prüfen. Hier wird die Konzentration wichtiger Nähstoffe im Boden gemessen, die die Pflanzen zum Wachsen und Gedeihen benötigen. Auch die Bodenart und der pH-Wert werden ermittelt. Danach wissen Sie genau, was und wie viel Sie düngen müssen, um Ihre Pflanzen im Garten optimal zu versorgen. Solche Analysen können Sie mit im Handel erhältlichen Sets selbst durchführen oder das Ganze einem Fachmann überlassen. Beispielsweise bieten die Landwirtschaftskammern oder Gartencenter derartige Analysen an. Bei Balkon- und Zimmerpflanzen sollten Sie auf hochwertige Erde setzen und regelmäßig düngen. Informieren Sie sich über die individuellen Bedürfnisse Ihrer Pflanze, denn ein Zuviel an Nährstoffen kann genauso schädlich sein wie zu wenige Nährstoffe.

TIPP

» Saubere Werkzeuge und glatte Wundränder sind beim Schneiden von Gehölzen Voraussetzung für eine gute Wundheilung. Entfernen Sie Äste direkt am Astansatz. «

Oftmals fürchtet man, zu wenig zu gießen. Die meisten Zimmerpflanzen gehen aber durch zu viel Wasser ein. Warnsignale sind schlappe Blätter, Staunässe und faulende Wurzeln bzw. vertrocknete, braune Blattspitzen.

1 Gefährliche Gießfehler

2 Chlorosen durch Nährstoffmangel

Wichtig ist eine ausreichende Nährstoffversorgung, denn sonst können Chlorosen entstehen. Anzeichen hierfür sind hellgelb verfärbte Blätter, deren Adern häufig noch sattgrün sind.

3 Zu viel düngen

Auch zu viel Dünger kann Pflanzen krank machen. Denn ein Zuviel einzelner Nährstoffe bedingt einen Mangel an anderen. Halten Sie sich daher immer genau an die Angaben auf der Verpackung.

WAS SIND DIE ESSENZIELLEN NÄHRSTOFFE?

Nährstoffe, die die Pflanzen für ihre gesunde Entwicklung und ihr Wachstum benötigen, sind die Makronährstoffe Phosphor, Stickstoff, Kalium, Kalzium, Magnesium und Schwefel sowie Mikronährstoffe wie Eisen oder Bor, bei denen schon geringe Mengenunterschiede Mangelerscheinungen oder Überdüngung bewirken.

STAUNÄSSE BEI TOPFPFLANZEN VERMEIDEN

Achten Sie bei Zimmerpflanzen auf Löcher im Boden von Topf und Kübel und sorgen Sie für ausreichend Drainage.

Achten Sie auch bei Zimmerpflanzen auf die Standortansprüche! Ein falscher Standort – zu hell, zu dunkel, zu warm, zu kalt – schränkt Pflanzen in ihrem Wachstum ein und lässt sie schlimmstenfalls eingehen.

4 Falscher Standort

5 Schnittwunden

Über Schnittwunden können Bakterien und Pilze ins Gewebe eindringen. Daher ist es empfehlenswert, größere Wunden bei Gehölzen nach dem Winterschnitt mit einem Wundverschlussmittel zu behandeln.

SONNENBRAND VORBEUGEN:
Gewöhnen Sie Ihre Kübelpflanzen nach dem Überwintern in den ersten Tagen im Halbschatten an die Sonnenstrahlen, bevor Sie sie in die Sonne stellen. Bei starker Sonne für ausreichend Sonnenschutz sorgen.

Ein falsch ausgeführter Schnitt oder eine stumpfe Schere kann Krankheiten begünstigen. So sollten beispielsweise gequetschte Rinde sowie vertrocknete oder dürre Zapfen vermieden werden.

6 Schnittfehler

7 Falsches Substrat

Verwendet man ungeeignetes Substrat, können Mangelerscheinungen, Krankheiten oder Wurzelfäule durch Staunässe auftreten. Achten Sie daher stets auf die Substratansprüche der jeweiligen Pflanze.

8 Unzureichender Frostschutz

Um Ihre Pflanzen im Winter und Frühjahr vor Frostschäden zu schützen, sollten Sie rechtzeitig für Frostschutz sorgen, z. B. durch Frostschutzvliese oder -matten aus atmungsaktiven Materialien.

Schlechte Partner (z. B. Kreuzblütler untereinander, Hülsenfrüchte mit Doldenblütlern) können Schadinsekten anlocken bzw. sich in Wachstum und Vitalität gegenseitig beeinträchtigen.

9 Ungünstige Mischkultur

10 Fruchtfolge nicht eingehalten

Sorgen Sie für Abwechslung! Werden Pflanzen derselben Familie mehrere Jahre hintereinander auf demselben Beet gepflanzt, können sich Krankheiten, Schädlinge und Unkräuter stark vermehren.

ERSTE HILFE BEI PFLANZEN-SCHÄDEN

Pflegefehler vermeiden

Pflegefehler vermeiden

Haben Sie Ihre Topf- oder Kübelpflanzen überdüngt, gibt es einen einfachen Trick: Pflanztopf auf einige Steine stellen, damit das Wasser ablaufen kann. Ca. 30 Minuten Wasser langsam über die Erde laufen lassen und erst wieder gießen, wenn alles gut abgetrocknet ist. Haben Sie zu viel gegossen? Zur Rettung die Pflanze aus der Erde nehmen, Zeitungspapier oder Küchenkrepp um den Wurzelballen wickeln und einige Stunden trocknen lassen. Danach die Pflanze in frisches Substrat setzen. Auch eine Bodenuntersuchung kann aufzeigen, ob ein Nährstoffmangel vorliegt. Stickstoff, Magnesium, Eisen und Kali können dann gezielt zugeführt werden.

GUT ZU WISSEN: Bei extremer Überdüngung sollten Sie die Pflanze umtopfen und dabei so viel alte Erde wie möglich entfernen. Danach in neues, geeignetes Substrat setzen und anwurzeln lassen.

TIPP

» Dosierungsanweisung auf der Verpackung des Düngers genau beachten. Denn hier gilt nicht „viel hilft viel". Wichtig: Im Winter wird nicht gedüngt! «

1 Symptome für Nährstoffmangel

Besonders typisch bei Nährstoffmangel sind Chlorosen. Hier verfärben sich zuerst junge dann alte Blätter gelb, da Chlorophyll entweder abgebaut oder gar nicht erst richtig gebildet wird. Wird nichts unternommen, vertrocknen die Blätter schließlich komplett und sterben ab. Meist liegt dies an einem Eisenmangel, seltener können auch Nitrat, Magnesium, Mangan oder Molybdän fehlen.

Schlaffe Blätter sind oft ein Zeichen für Wassermangel, der auch bei Staunässe entstehen kann. Staunässe führt nämlich zu Wurzelfäule, die eine Wasseraufnahme trotz reichlich Feuchtigkeit verhindert.

2 Schlaffe Blätter

3 Wurzeln kontrollieren

Das Prüfen der Wurzeln gibt Aufschluss: Gesunde Wurzeln sind hell mit frischen weißen Spitzen. Braune, matschige und faulig riechende Wurzeln weisen auf Wurzelfäule hin.

4 Abgestorbene Wurzeln entfernen

Sind Wurzeln verfault, werden diese gekürzt und das verfaulte Material entfernt. Danach den Wurzelballen auflockern und die Pflanze in neues Substrat setzen.

FINGERTEST

Sieht die obere Erdschicht in Topf, Kübel oder Beet krümelig und trocken aus, muss das nicht heißen, dass schon gegossen werden muss. Der Fingertest bringt erste Hinweise, ob die Pflanzen Wasser benötigen oder nicht. Stecken Sie den Zeigefinger ca. 5 Zentimeter ins Erdreich und prüfen Sie den Feuchtigkeitsgehalt der Erde.

VORSICHT BEI STARKER SONNENEINSTRAHLUNG

Auch Pflanzen können Sonnenbrand bekommen. Besonders gefährdet sind Kübelpflanzen, wenn sie z. B. gerade aus dem Winterquartier kommen.

Topfpflanzen müssen regelmäßig umgetopft werden. So haben ihre Wurzeln wieder Platz und die frische Erde bringt neue Nährstoffe. Der Durchmesser des neuen Topfs sollte dabei ca. 4 Zentimeter größer als der alte sein.

5 Regelmäßig umtopfen

6 Drainage mit Tongranulat

Bei Topfpflanzen hat es sich bewährt, eine Schicht Tongranulat ins Pflanzgefäß zu füllen, bevor man es mit Pflanzsubstrat füllt. Staunässe wird so effektiv vorgebeugt.

GUT ZU WISSEN:

Pflanzen nehmen Nährstoffe am besten auf, wenn der Boden den für sie richtigen pH-Wert besitzt. Im Handel gibt es kostengünstige Schnelltests, um den pH-Wert der Erde zu bestimmen.

7 Regelmäßig düngen

Pflanzen, die ideal mit Nährstoffen versorgt sind, sind weniger anfällig für Krankheiten und unempfindlicher gegen Schädlingsbefall. Regelmäßige Düngung ist also Pflicht.

8 Blätter säubern

Das vorsichtige Reinigen der Blätter von Zimmerpflanzen mit lauwarmem Wasser hat nicht nur ästhetische Gründe. Das Entfernen von Staub und Schmutz befreit außerdem die Blattporen und steigert die Vitalität.

Um Ihre Zimmerpflanze zu reinigen, können Sie sie auch Abduschen. Verwenden Sie hierbei lauwarmes Wasser und einen feinen Duschstrahl. Das Abduschen ist auch die erste Maßnahme bei einem Blattlaus- oder Spinnmilbenbefall.

9 Pflanzen abduschen

10 Luftbefeuchter für ein gutes Raumklima

Gerade im Winter belastet trockene Heizungsluft die Vitalität von vielen Zimmerpflanzen und erhöht die Gefahr eines Schädlingsbefalls. Luftbefeuchter schaffen hier effektiv Abhilfe.

Ebenfalls zur Erhöhung der Luftfeuchtigkeit führt das feine Zerstäuben von Wasser in der Nähe von Zimmerpflanzen. Da dies nur kurzfristig anhält, sollte man es täglich wiederholen.

11 Luftfeuchtigkeit mit Wasserzerstäuber erhöhen

AUF DER FENSTERBANK

Fensterbänke werden oft mit Topfpflanzen dekoriert. Befindet sich direkt darunter eine Heizung, steigt der Wasserbedarf während der winterlichen Heizperiode sprunghaft an. Regelmäßige Kontrolle und häufigeres Gießen sind dann erforderlich. Auf kalten Fensterbänken ohne Heizung können Zimmerpflanzen dagegen kalte Füße bekommen. Untersetzer aus Holz oder Vlies schaffen hier Abhilfe.

Bakterien,
Viren und Co.

Bakterien, Viren und Co.

Blattflecken, löchrige oder zerfranste Blätter, Kümmerwuchs, Adernaufhellungen und Nekrosen können auf Bakterien- oder Viruserkrankungen hinweisen. Dann ist schnelles Handeln angesagt. Da sich die Erreger rasant ausbreiten können, entfernen Sie die befallene Pflanze, um Nachbarpflanzen zu schützen. Gartenwerkzeuge, die dabei mit ihr in Berührung kommen, sollten danach desinfiziert werden. Pilze schwächen die Pflanze, führen zu Blatt- und Triebsterben und auffälligen Pilzbelägen und Sporenlagern. Befallene Pflanzenteile sollten ebenfalls sofort entfernt und auch hier die Schneidwerkzeuge desinfiziert werden.

GUT ZU WISSEN: Gegen Pilzerkrankungen hilft Ackerschachtelhalmbrühe. Sie können sie selbst ansetzen oder als Extrakt kaufen. Sie kann auch bei Milben und Blattläusen eingesetzt werden.

TIPP

» Brennnesselbrühe aus frischen Brennnesseln und Wasser kräftigt Pflanzen und fördert gesundes Wachstum. Spritzen Sie die Brühe ganz einfach etwas verdünnt auf die befallene Pflanze. «

Bei einer regelmäßigen Kontrolle können Krankheiten und Schädlinge früh entdeckt werden. Eine Lupe kann helfen, besonders kleinen Schädlingen wie Spinnmilben auf die Spur zu kommen und Blattflecken genau zu identifizieren.

1 Regelmäßig untersuchen

2 Pflanzenteile beschneiden

Ist der Befall lokal, reicht es oftmals aus, nur befallene Pflanzenteile zu entfernen, z. B. bei einem frühen Mehltaubefall bei Rosen oder dem Absterben von Trieben bei Thujen. Das Schneidwerkzeug sollte danach gründlich gesäubert werden.

3 Ansteckende Erkrankungen

Erkrankungen wie z. B. das Mosaikvirus oder die Kraut- und Knollenfäule sind hochansteckend. Hier müssen dann nicht nur die gesamte kranke Pflanze, sondern auch am besten die umliegenden Pflanzen entfernt werden.

4 Pflanzgefäße reinigen

Viele Erreger bleiben über Jahre ansteckend und tauchen hartnäckig immer wieder auf. Pflanzgefäße und Gartenwerkzeuge, die mit erkrankten Pflanzen in Kontakt gekommen sind, sollten deshalb sorgfältig gereinigt und mit Spiritus desinfiziert werden.

6 Nicht im Kompost entsorgen!

Befallene Pflanzen und Pflanzenteile sollten Sie niemals im Kompost entsorgen, sie kommen in den Restmüll. Gerade Pilzsporen können im Kompost jahrelang überleben und zu immer wiederkehrendem Befall führen.

Bei erkrankten Zimmerpflanzen gilt strikte Quarantäne, damit sich ihre Nachbarn nicht anstecken. Achten Sie beim neuen Standort aber ebenfalls darauf, dass die Standortbedingungen ideal sind.

5 Quarantäne für kranke Zimmerpflanzen

Abwehr von Schädlingen

Abwehr von Schädlingen

Wird Ihre Pflanze von Kartoffelkäfern, Schnecken oder Raupen befallen, können Sie diese mit der Hand absammeln. Dies ist manchmal mühsam, aber sehr wirksam. Befallene Blätter und Triebe sollten zudem beschnitten werden. Befallene Früchte werden aufgesammelt und im Restmüll entsorgt. Legen Sie Pheromonfallen aus, um den Befall zu kontrollieren. Wellpappe-Fanggürtel können z. B. die Apfelwicklerpopulation verringern. Engmaschige Kulturschutznetze helfen gegen Kohl- und Möhrenfliegen, Schneckenzäune gegen Schnecken. Hausmittel gegen Läusebefall sind vor allem das Besprühen mit Knoblauchsud, Salbeitee oder Seifenlösung aus Kernseife.

GUT ZU WISSEN: Schützen Sie Gemüse mit feinmaschigen Netzen vor Thripsen. Die Netze werden erst zur Ernte entfernt. Manche Thripse übertragen beim Saugen Bakterien und Viren, deshalb ist ein Vorbeugen wichtig!

TIPP

» Leimringe an Obstbäumen werden gegen Frostspanner eingesetzt. Bringen Sie diese ab Oktober an und belassen Sie sie bis März. Anschließend abnehmen und im Restmüll entsorgen. «

1 Schneckenzäune und Schneckenkragen

Schneckenzäune bestehen meist aus Metall oder Plastik und sind eine rein mechanische Abwehrmaßname gegen die verfressenen Plagegeister. Da ihr oberer Rand stark abgewinkelt ist, können die Kriechtiere sie nicht überwinden und kommen so nicht an Salat & Co. heran. Schneckenkragen (siehe Bild) funktionieren nach demselben Prinzip. Aber Achtung: Überhängende Pflanzenteile sind nicht geschützt und können als „Brücke" dienen.

Minigewächshäuser sollen in erster Linie für ein gutes Mikroklima sorgen, können jedoch auch gegen Schädlinge helfen. Selbst hergestellte Minigewächshäuser aus alten Plastikflaschen sind besonders kostengünstig.

2 Schutz durch Minigewächshäuser

3 Gelbtafeln

Gelbtafeln sind mit Klebstoff bestrichen und werden bei fliegenden Schädlingen eingesetzt, die an ihnen kleben bleiben. Bestimmte Farben locken unterschiedliche Schädlinge an. Blautafeln helfen z. B. gut gegen Thripse.

4 Pheromonfalle

SCHNECKENKORN – JA ODER NEIN?

Schneckenkorn wirkt zwar effektiv, hat jedoch auch einige Nachteile. So besteht es neben Gift auch aus Lockstoffen und lockt somit noch mehr Schnecken in den Garten. Zudem ist es für Nützlinge, Hunde und Katzen sowie Menschen giftig. Und auch das Grundwasser kann belastet werden. Ein Einsatz sollte also gut überlegt und nur sehr begrenzt erfolgen.

Pheromonfallen locken z. B. Apfelwickler oder Buchsbaumzünsler mit Sexuallockstoffen an. In der Falle bleiben sie dann am Leimboden hängen.

VORTEILE VON SCHUTZNETZEN

Neben der Schädlingsabwehr schützen Netze vor Frost- und Hagelschäden und lassen ein günstigeres Mikroklima entstehen.

5 Schutznetze

Schutznetze bewahren Gemüse und Obst effektiv vor Maden, Raupen, Fliegen und Vogelfraß. Gemüse sollte direkt nach der Saat abgedeckt werden, Obstgehölze werden nach der Blüte eingehüllt.

6 Dickmaulrüssler fangen

Füllen Sie einen Tontopf mit Holzwolle und stellen Sie ihn umgedreht in die Nähe der befallenen Pflanze. Für eine bessere Zugänglichkeit schieben Sie einen Stock unter.

Ein Kalkanstrich schützt nicht nur vor Frostschäden, sondern wirkt auch antibakteriell. Manche Anstriche beinhalten zudem Fungizide, die vor Pilzkrankheiten schützen.

7 Kalkanstrich

Brennnesseljauche ist ein echtes Pflanzenschutz-Wundermittel. Verdünnt auf befallene Pflanzenteile gespritzt, hilft sie gegen Milben, Obstmaden, Blatt-, Woll-, Schild- und Blutläuse und stärkt die Pflanze auch noch.

8 Hausmittel gegen Läuse, Milben und Obstmaden

FANGGÜRTEL

Obstmaden-Fanggürtel richten sich nicht gegen die erste Generation, sondern verringern die darauffolgenden Populationen. Wenn die Maden von Apfel- und Pflaumenwickler den Stamm entlangkriechen, um ein Versteck zum Verpuppen zu suchen, finden sie dies im Fanggürtel. Die Puppen werden dann regelmäßig abgesammelt.

Eine Seifenlauge aus Kern- oder Schmierseife hilft gegen diverse Schädlinge. Am besten eignet sich eine Lösung aus Kaliseife, die besonders verträglich für Pflanzen und Nützlinge ist.

9 Kern- oder Schmierseife gegen Läuse

10 Obstmaden-Fanggürtel

Bringen Sie ab Ende Mai den Fanggürtel an Ihren Obstbäumen an. Mit einem Bindedraht wird er ca. 20 bis 40 Zentimeter über dem Boden am Baumstamm befestigt.

Tierische Nützlinge

Tierische Nützlinge

Nützlinge lassen sich nicht nur durch einen naturnahen Garten anlocken, sondern können auch im Handel erworben werden. Bestellen Sie immer „frisch" je nach Bedarf, denn es handelt sich um lebende Tiere. Fadenwürmer, auch Nematoden genannt, bekämpfen beispielsweise die Larven von Dickmaulrüssler, Apfelwickler oder Trauermücke. Schlupfwespen helfen bei einem Befall mit Blattläusen, Erzwespen gegen die Weiße Fliege. Achten Sie beim Einsatz von gekauften Nützlingen auf den Behandlungszeitraum und auf die Anwendungshinweise. Die Röhrchen mit Schlupfwespen z. B. hängen Sie einfach auf und öffnen den Deckel.

GUT ZU WISSEN: *Sehen die Blätter der Pflanzen am Rand aus wie mit einem Locher bearbeitet, war das wohl der Dickmaulrüssler: Die nachtaktiven Käfer werden abends abgesammelt und die Larven mit Nematoden bekämpft.*

TIPP

» SF-Nematoden helfen bei Trauermücken und Obstmaden, SC-Nematoden bei Asseln, Wiesenschnaken oder Erdraupen und HM-Nematoden kommen bei Käfern wie Dungkäfer, Junikäfer oder Dickmaulrüssler zum Einsatz. Der Packungsinhalt wird nach Anleitung in Wasser aufgelöst und auf den befallenen Boden gegossen. «

Die Larven der Florfliege lieben Milben, Thripse und vor allem Blattläuse, weshalb sie auch Blattauslöwen genannt werden. In einem Zeitraum von ca. zwei Wochen kann eine einzige Larve bis zu 500 Blattläuse vertilgen.

1 Florfliegen

2 Florfliegenlarven einsetzen

Florfliegenlarven bestellt man hauptsächlich online bei einem Nützlingsbetrieb. Sie kommen dann über den Postweg als Lebendware. Sofort nach der Ankunft werden sie auf die Blätter der befallenen Pflanze gestreut.

3 Gallmückenlarven gegen Blattläuse

Die Larven der Räuberischen Gallmücke machen sich liebend gerne über Blattläuse her. Im Handel erhält man die Puppen in einem Torfsubstrat. Eine hohe Luftfeuchtigkeit ist wichtig für das Gedeihen der Gallmückenpopulation.

Tigerschnegel sind Nacktschneckenräuber und fressen nicht nur ihre Artgenossen, sondern auch deren Gelege. Online findet man Schnegelfarmen, die meist Jungtiere per Post versenden.

5 Schlupfwespe gegen Weiße Fliegen, Käfer und Läuse

Die Larven von Schädlingen dienen Schlupfwespenlarven als Wirt. Sie mögen es besonders warm und feucht, deshalb ist ein Einsatz im Gewächshaus oder Wintergarten ideal.

4 Tigerschnegel

RAUBMILBENARTEN

Die Raubmilbenarten *Phytoseiulus persimilis* und *Typhlodromus pyri* haben sich auf Spinnmilben spezialisiert. Raubmilben der Gattung *Hypoaspis* bevorzugen Thripse und Mücken aller Art, insbesondere Trauermücken. *Amblyseius*-Arten werden vor allem bei einem Befall mit Thripsen, Weißen Fliegen oder Weichhautmilben eingesetzt. Wie die meisten Nützlinge benötigen auch Raubmilben warme Temperaturen und hohe Luftfeuchtigkeit, um gut zu gedeihen.

6 Raubmilben einsetzen

↑ Raubmilben werden von Nützlingsbetrieben per Post in einem Granulat verschickt. Streuen Sie dieses nach der Ankunft direkt auf die Blätter der befallenen Pflanze.

↓ Raubmilben können zu Beginn eines Befalls gute Hilfe leisten. Entdecken Sie auf ihrer Pflanze die charakteristischen Gespinste, ist die Spinnmilbenpopulation schon sehr groß. Dann sollten Sie die befallenen Triebe entfernen.

7 Spinnmilbengespinste

8 Hungrige Raubmilben

↑ Raubmilben ernähren sich von Spinnmilben, indem sie deren Eier und Larven sowie die erwachsenen Tiere aussaugen. Eine Raubmilbe vernichtet so pro Tag ca. 5–7 Spinnmilben und ca. 20 Larven oder Eier.

Im Handel werden zwei verschiedene Marienkäfer-Arten vertrieben. Zum einen die Larven des Zwei-Punkt-Marienkäfers gegen Blattläuse sowie die erwachsenen Australischen Marienkäfer gegen Wollläuse.

9 Marienkäfer einsetzen

10 Marienkäferlarven

Die Larven des Zwei-Punkt-Marienkäfers kommen per Post und werden nach Erhalt sofort auf die befallene Pflanze ausgesetzt. Innerhalb von drei Wochen ernähren sie sich von den Blattläusen und verpuppen sich dann.

Nematoden sind mikroskopisch klein und helfen gegen Dickmaulrüssler und Co. Die Fadenwürmer werden einfach ins Gießwasser gegeben, das dann auf die Erde um die befallene Pflanze gegossen wird.

11 Fadenwürmer (Nematoden)

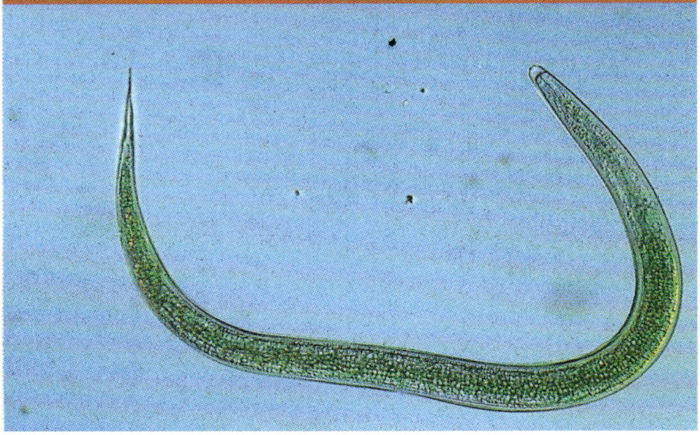

GUT ZU WISSEN:

Auch Raubwanzen können zur Bekämpfung gegen Weiße Fliegen, Blattläuse, Minierfliegen, Spinnmilben und Thripse eingesetzt werden. Im Handel erhält man Larven und erwachsene Tiere, die sofort nach Erhalt ausgebracht werden müssen. Da sie nur bei mindestens 12 Stunden Tageslicht aktiv werden, ist der Einsatz von März bis Oktober zu empfehlen.

Pflanzenschutz
mit Hausmitteln

TIPP

„Biologische Pflanzenschutzmittel lassen sich leicht selbst herstellen und werden auf die Pflanzen gespritzt oder sie werden im Wurzelbereich gegossen."

Pflanzenschutz mit Hausmitteln

Jauchen, Laugen, Tee & Co. geben Ihren Pflanzen Widerstandskraft, wirken vorbeugend gegen Pilzerkrankungen und eignen sich zur direkten Bekämpfung von Krankheiten und Schädlingen. Kräuteraromastoffe wie ätherische Öle, Gerbstoffe und Senföle lassen sich optimal zur Schädlingsabwehr einsetzen. Getrocknete Wildkräuter und Neemöl dürfen daher im Erste-Hilfe-Kasten nicht fehlen. „Fangpflanzen" zum Ablenken der Schädlinge gehören ebenfalls zu den altbewährten Mitteln des natürlichen Pflanzenschutzes. Kapuzinerkresse gehört zu den Lieblingsspeisen der Schwarzen Bohnenlaus und von leckeren Tagetes lassen sich Schnecken leicht anlocken und absammeln.

GUT ZU WISSEN: *Manche Pflanzen vertreiben Schädlinge mit ihren Düften und lassen sich bei der Mischkultur und als Erste Hilfe ideal nutzen. Klassiker z.B. gegen Blattläuse sind Kerbel, Petersilie, Salbei und Lavendel.*

Die effektivsten Brühen und Jauchen erhält man aus Brennnesseln, Ackerschachtelhalm, Rainfarn und Wermut. Ihre Wirkstoffe wie Ameisensäure, Kieselsäure, Thujon oder diverse Bitterstoffe machen Schädlingen zu schaffen.

1 Brühen und Jauchen

2 Diverse Mischungen als Hausmittel

Auch alltägliche Haushaltsmittel eignen sich zur Krankheitsbekämpfung. Verdünnte Frischmilch hilft gegen Echten Mehltau, Seifenlauge vertreibt Spinnmilben sowie Blattläuse und eine Natronlösung bekämpft Läuse und Mehltau.

3 Hausmittel Steinmehl

Bei leichtem Blattlausbefall hilft es, die Blätter der betroffenen Pflanzen einfach mit etwas Steinmehl zu überpudern. Steinmehl stärkt die Pflanzen nicht nur gegen Pilzerkrankungen und saugende Insekten, sondern es regeneriert auch den Boden. Ein Schutzwall aus Steinmehl schützt frische Setzlinge vor Schnecken, allerdings nur bei trockenem Wetter. Nach dem Gießen oder Regen erneuern.

5 Auszug aus Tomaten- oder Rhabarberblättern

Ein Auszug aus Tomatenblättern, die man beim Ausgeizen der Tomaten erhalten kann, hilft gegen den Kohlweißling. Die Oxalsäure im Rhabarberauszug wirkt gegen Kraut- und Braunfäule sowie Blattläuse.

Wer sich für die Bekämpfung mit bewährten Hausmitteln entscheidet, muss regelmäßig dranbleiben und etwas Durchhaltevermögen besitzen, denn mit nur einem Mal sprühen ist es nicht getan.

4 Regelmäßig sprühen

Chemische Mittel

Chemische Mittel

Wenn nichts mehr hilft, muss manchmal Chemie auch in Garten und Haus sein. Schauen Sie bei chemischen Mitteln aber immer auf die Kennzeichnung „Anwendung im Haus- und Kleingartenbereich zulässig" und befolgen Sie die Gebrauchsanweisung zu Ihrem eigenen und dem Schutz Unbeteiligter penibel. Auch wenn Insektizide wirksame Hilfe gegen Schädlinge im Garten versprechen, denken Sie immer daran: Die besprühten Pflanzen nehmen die Inhaltsstoffe über Wurzeln und Blattoberflächen in die Pflanzenzellen auf. Denken Sie auch an Schutzkleidung, etwaigen Sicherheitsabstand und halten Sie die Anwendungsbestimmungen ein.

GUT ZU WISSEN: *Setzen Sie immer nur so viel Spritzflüssigkeit an, wie Sie für die vorgesehene Fläche benötigen. Reste sind später unbrauchbar und die Spritzbrühe verliert ihre Wirkung.*

TIPP

» Kaufen Sie chemische Pflanzenschutzmittel im Fachhandel und bevorzugen Sie anwendungsfertige Produkte und Kleinmengen in gebrauchsfertigen Sprühflaschen. «

Bei einem extrem starken oder fortgeschrittenen Befall helfen Hausmittel oder Nützlinge aus dem Handel oft nicht mehr. Dann müssen Sie wohl oder übel auf chemische Mittel zurückgreifen, um die Pflanze zu retten.

1 Extremer Befall

2 Einsatz gut überlegen

Sie sollten sich den Einsatz jedoch vorher gut überlegen. Viele Pestizide vernichten nicht nur den Schädling, sondern auch Nützlinge und können die Umwelt schädigen. So tötet Schneckenkorn leider auch den äußerst hilfreichen Tigerschnegel.

3 Auf eigene Sicherheit achten

Beim Einsatz von chemischen Pflanzenschutzmitteln sollten Sie unbedingt auf Ihre eigene und die Gesundheit anderer achten, denn oft sind die Inhaltsstoffe auch für Menschen giftig. Tragen Sie also beim Sprühen mindestens einen Mundschutz und Handschuhe.

4 Umweltschonende Spritzmittel einsetzen

Im Gemüse- und Obstgarten sollten Sie umweltschonende Pflanzenschutzmittel wählen, z. B. Insektizide auf Rapsölbasis, Fungizide auf Schwefelbasis oder paraffinölhaltige Austriebsspritzmittel.

5 Mischungsverhältnisse beachten

Pflanzenschutzmittel werden meist in speziellen Spritztanks mit Wasser zu einer Spritzbrühe vermischt. Folgen Sie hierbei genau den Herstellerangaben, was Mischungsverhältnis und Mengen betrifft.

PRAXISTEIL

Im Haus und auf dem Balkon

Je gesünder und kräftiger Ihre Pflanze ist, desto besser kommt Sie mit einem eventuellen Befall zurecht. Viele Pflegefehler lassen sich zudem leicht vermeiden und Krankheiten sowie Schädlinge haben weniger Chancen. Treten Läuse, Trauermücken oder Spinnmilben auf, helfen Ihnen Nützlinge wie Gallmücken, Florfliegen und Marienkäfer.

Im Haus und auf dem Balkon

TIPP

» Balkonpflanzen, auch Gemüse im Topf, Kübel oder Kasten, mögen organischen Dünger wie etwa Brennnesseljauche. Die Jauche beugt auch Schädlingsbefall vor. «

Damit Ihre Pflanzen gut gedeihen, brauchen sie den passenden Standort, einen ausreichend großen Topf oder Kübel und die richtige Menge Wasser und Dünger.

GEEIGNETES SUBSTRAT UND DAS IDEALE PFLANZGEFÄSS

Nur im passenden Substrat fühlen sich Zimmer- und Balkonpflanzen richtig wohl, wachsen kräftig und sind widerstandfähig gegen Krankheiten und Schädlinge. Kaufen Sie Blumenerde von guter Qualität (möglichst torffrei) und verzichten Sie auf verdichtete, klumpige Erde. Gerade in Töpfen ist der Raum für die Wurzeln begrenzt. Deshalb brauchen die Pflanzen gute, lockere und krümelige Erde mit einem optimalen pH-Wert. Gemüse, Kräuter, Orchideen oder Sukkulenten haben eigene Ansprüche – ebenso speziell muss das Substrat sein.

Vor allem Größe und Material von Gefäßen sind für ein gutes Wachstum der Pflanzen entscheidend. Kunststoffkübel sind leicht, in vielen Farben erhältlich und auch das Umtopfen ist durch die glatte Oberfläche unkompliziert. Terrakotta- und Tontöpfe sind viele Jahre haltbar, je nach Größe aber auch schwer zu transportieren. Mehrjährige Pflanzen sollten größere Gefäße bekommen. Viele Salate, Erdbeeren und Radieschen können Sie sogar im Blumenkasten ziehen; Tomaten bei wenig Platz auch in Pflanzsäcken. Richten Sie sich bei der Größe des Pflanzgefäßes nach den jeweiligen Empfehlungen der Gärtnerei.

RICHTIG GIESSEN UND DÜNGEN

Beim Gießen ist Fingerspitzengefühl gefragt: zu viel Wasser lässt die Wurzeln faulen, zu wenig vertrocknen. Für Pflanzen mit hohem Wasser- und Nährstoffbedarf sind Untersetzer ideal. Um Staunässe zu vermeiden, bedecken Sie das Abzugsloch im Pflanzgefäß mit einer Tonscherbe, damit es frei bleibt. Häufiges Gießen sparen Sie sich bei Pflanzen in Tongranulat. Die meisten Pflanzen benötigen nach der Winterpause bis zum Herbst Nährstoffe – Flüssigdünger ist für Topf- und Kübelpflanzen in der Regel empfehlenswert. Für Pflanzen mit besonderen Ansprüchen gibt es Düngestäbchen, Volldünger und Spezialdünger. Hier gilt: Dosieren nach den Angaben des Herstellers und immer in feuchter Erde düngen.

Gerade bei Garten- und Blumenerde sollte man auf eine hochwertige Qualität achten. Hochwertiges Pflanzsubstrat klebt nicht, zerfällt in stabile Krümel und duftet angenehm nach Waldboden.

1 Hochwertige Blumenerde

2 Standort und Lichtverhältnisse

Egal, ob Zimmer- oder Gartenpflanze, jedes Gewächs hat bestimmte Standortvorlieben. Erkundigen Sie sich, wieviel Licht und welche Boden- bzw. Substratart Ihre Pflanze braucht, um optimal zu gedeihen.

3 Das richtige Pflanzgefäß

Die Auswahl an Pflanzgefäßen ist groß. Terrakottagefäße sind stabiler, während Kunststoffkübel bruchsicherer sind. Wichtig ist vor allem, dass die Größe stimmt und Bodenlöcher für den Gießwasserabfluss vorhanden sind.

LICHTVERHÄLTNISSE

Lichtmangel ist für viele Zimmer- und Balkonpflanzen ein Problem. Jedoch: Pralle Sonne lieben nur wenige. Achten Sie bei der Auswahl Ihrer Pflanzen auf deren bevorzugten Standort wie Sonne, Halbschatten oder Schatten. Symptome von Lichtmangel sind z. B. ungewöhnlich lange Triebe, Blattfall und das Vergrünen von panaschierten Blättern.

Ein Feuchtigkeitsmesser unterstützt Sie beim richtigen Gießen von Topf- und Kübelpflanzen. Das Gerät wird ganz einfach kurz ins Substrat gesteckt, auf der Skala erscheint dann dessen Feuchtigkeitsgehalt.

4 Feuchtigkeitsmesser

5 Untersetzer gegen Staunässe

Staunässe führt zu Wurzelfäule und erhöht die Schimmelpilzgefahr. Deshalb sollten Ihre Pflanzgefäße immer Bodenlöcher besitzen und auf Untersetzern stehen. Wasser im Untersetzer wird entfernt.

DRAINAGESCHICHT

Eine Drainageschicht im Pflanzgefäß ist ein weiterer guter Trick, um Staunässe vorzubeugen. Verwenden Sie am besten einen Topf oder Kübel mit Bodenlöchern. Bedecken Sie den Boden mit einer Schicht Blähton, Kies oder zerbrochenen Tonscherben. Darauf kommt dann zurechtgeschnittenes Gärtnervlies und anschließend Pflanzsubstrat. Nun wird die Pflanze ganz normal eingepflanzt.

6 Tongranulat spart häufiges Gießen

Vorteil Hydrokultur: Tongranulat aus Blähton speichert Wasser wie ein Weltmeister, die Pflanze kann sich dann einfach je nach Bedarf bedienen. Ein Wasserstandmesser, der im Granulat steckt, zeigt Ihnen an, wann es wieder Zeit zum Gießen ist.

Informieren Sie sich über den Nährstoffbedarf Ihrer Pflanzen und düngen Sie nur in der Wachstumsphase. Flüssigdünger wird ins Gießwasser gegeben, Langzeitdünger in Form von Kugeln und Stäbchen kommt ins Substrat.

7 Düngen

8 Kontrolle und Pflege

Mindestens alle 3–4 Wochen sollten Sie Ihren Zimmerpflanzen ungeteilte Aufmerksamkeit und eingehende Pflege schenken. Befreien Sie die Blätter von Staub und untersuchen Sie Substrat und Pflanzenteile.

Ist der Ballen komplett durchwurzelt, ist es höchste Zeit fürs Umtopfen. Idealer Zeitpunkt ist im Frühjahr, zu Beginn der Wachstumsphase. Nutzen Sie dann die Gelegenheit, den Zustand der Wurzeln zu prüfen.

9 Rechtzeitig umtopfen

NPK-DÜNGER:

Die meisten Zimmerpflanzen können mit Volldünger, sogenanntem NPK-Dünger, versorgt werden. Dieser enthält Stickstoff (N), Phosphor (P) und Kalium (K), die wichtigsten Nährstoffe für eine gesunde Pflanzenentwicklung. Zudem findet man in Volldüngern noch weitere Nährstoffe wie Kalzium, Magnesium, Schwefel und Eisen. Bei Orchideen beispielsweise ist jedoch ein Spezialdünger ratsam.

Vorsorge im Garten

In einem gesunden Boden werden Pflanzen seltener krank. Auch durch richtiges Gießen können Sie Ihre Pflanzen vor Krankheiten schützen. Achten Sie dann noch auf die jeweiligen Standortvorlieben, den passenden Anbautermin und regelmäßige Nährstoffgaben, sind das schon wesentliche Schritte zum vorbeugenden Pflanzenschutz.

Viele Pflanzenarten benötigen für gutes Wachstum den passenden Standort. Pflanzen Sie etwa Rosen auf die Nordseite Ihres Gartens, sind Krankheiten und Schädlinge vorprogrammiert. Auch die Blütenbildung wäre nicht wie gewünscht. Bei den meisten Gemüsearten ist ein Platz an der Sonne die beste Voraussetzung für eine reiche Ernte. Doch auch für den Halbschatten und Schatten gibt es Pflanzen, z. B. reizvolle Stauden. Beliebte Halbschattengewächse sind Akelei, Fingerhut und Herbst-Anemone, im Schatten gedeihen Funkien und Goldnesseln.

OPTIMALE STANDORTBEDINGUNGEN UND DIE RICHTIGE AUSSAAT

Damit sich Ihre Pflanzen gut entwickeln, brauchen Sie neben dem richtigen Standort auch die passenden Klimaverhältnisse. Vor allem regionale und alte Sorten bieten Ihnen hier einige Vorteile. Sie sind an das Klima angepasst und haben sich über lange Jahre bewährt. Greifen Sie deshalb bevorzugt zu einheimischen Kräutern und Stauden sowie traditionellen Zier- und Nutzpflanzen. Beim Boden sollten Sie auf eine krümelige Struktur und gute Durchlässigkeit achten. Bei Bedarf können Sie ihn durch organisches Material wie Kompost anreichern. Brachliegende Gemüsebeete freuen sich über eine Gründüngung, das lockert den Boden tiefgründig und reichert ihn mit Humus an. Damit Ihre Garten- und Nutzpflanzen optimal gedeihen, freuen sie sich über bestimmte Nährstoffe und Spurenelemente. Diese sollten in einem ausgewogenen Verhältnis im Boden vorhanden sein, empfehlenswert ist hier eine Bodenanalyse im Vorfeld.
Im Gemüsegarten ist der Zeitpunkt, zu dem Sie Kräuter und Gemüse säen oder pflanzen, wesentlich für ein gutes Wachstum. Ebenso können Sie mit dem richtigen Anbautermin Schädlingen vorbeugen, denn manche Schädlinge und Pflanzen müssen in einem bestimmten Zeitraum zusammentreffen. Denken Sie hier etwa an den Kohl. Die Kohlfliege ist von Ende April bis Mitte Mai unterwegs. Pflanzen Sie Ihren Kohl daher möglichst Anfang April oder Ende Mai. Auch die Möhrenfliege können Sie auf ähnliche Weise vermeiden. Häufig lohnt eine späte Aussaat ab Juni, denn das Insekt fliegt im Mai und Juni sowie ab Ende August. Zusätzlich können Sie Majoran um die Möhren pflanzen – Möhrenfliegen werden von seinem Geruch abgeschreckt.

TIPP

» Wässern Sie Ihre Pflanzen in Beet und Garten alle paar Tage ausgiebig, aber vermeiden Sie Staunässe. Denken Sie auch an regelmäßige Düngergaben. «

Scheint die Sonne den ganzen Tag auf den Gartenbereich, spricht man von vollsonnig. Ein sonniger Standort wird von ca. 11 Uhr bis 17 Uhr beschienen. Absonnig bezeichnet einen Ort, der durch Reflektion sehr hell ist, z. B. neben einer hellen Mauer.

1 Standort: Sonne

Im Halbschatten wird die Pflanze ca. 4 Stunden von der Sonne (am liebsten Morgensonne) beschienen, den Rest verbringt sie im Schatten. Als Halbschatten wird auch das diffuse Licht unter Bäumen bezeichnet.

2 Standort: Halbschatten

STAUNÄSSE IM BEET: *Im Beet entsteht Staunässe, wenn das Wasser nicht gut abfließen kann. Vor allem bei lehmigen Böden ist dies der Fall. Deshalb ist es wichtig, die Bodenkonsistenz seines Gartens zu kennen.*

3 Kompost einarbeiten

Kompost reichert den Boden nicht nur mit wichtigen Nährstoffen an, sondern verbessert auch seine Struktur. Sandige Böden speichern dann mehr Wasser, lehmige Böden werden luftdurchlässiger.

4 Bodenanalyse

Nehmen Sie eine Handvoll Erde und versuchen Sie, eine Wurst zu formen. Klappt das nicht, ist der Boden eher sandig. Klappt es, aber die Erde ist klebrig, handelt es sich um Lehmboden. Die ideale Erde lässt sich zu einer Wurst formen, die glatt, aber nicht klebrig ist.

DER RICHTIGE GIESSZEITPUNKT

Idealerweise gießen Sie Ihre Pflanzen immer in den frühen Morgenstunden. Nie bei starker Sonneneinstrahlung gießen!

Es gibt Flachwurzler, Tiefwurzler und Herzwurzler. Flachwurzler sind stark von Regengüssen abhängig, während Tief- und Herzwurzler Zugang zum Grundwasser besitzen.

5 Wasserbedarf kennen

6 Richtig gießen

Gießen Sie immer unterhalb der Blätter direkt am Boden. Werden die Blätter mit Wasser benetzt, besteht bei starker Sonneneinstrahlung die Gefahr von Verbrennungen. Auch das Schimmelpilzrisiko wird dadurch erhöht.

WIE VIEL WASSER?

Die Faustregel besagt, um 1 Quadratmeter Boden 1 Zentimeter tief zu befeuchten, benötigt man 1 Liter Wasser. Das Wasser sollte das Erdreich beim Gießen ca. 20 Zentimeter tief durchfeuchten. Pro Quadratmeter benötigt man also ca. 15–20 Liter.

7 Regenwasser

Regenwasser eignet sich am besten zum Bewässern Ihres Gartens. Es ist nicht nur kostenlos, sondern es besitzt auch den idealen pH-Wert für die meisten Ihrer Pflanzen.

8 Vorsicht bei Stickstoffdüngung

Volldünger sollten Sie im Garten nur sparsam einsetzen. Phosphor und Kalium sind in der Erde meist sowieso schon reichlich vorhanden. Ein hoher Stickstoffgehalt fördert zudem Echten Mehltau.

Lupinen, Sonnenblumen oder Raps gelten als Gründünger. Sie reichern den Boden nicht nur mit Nährstoffen an, sondern lockern ihn tiefgründig auf und unterdrücken zusätzlich das Unkrautwachstum.

9 Gründüngung

10 Beipflanzung von Duftkräutern

Die Beipflanzung mit duftenden mediterranen Kräutern wie Salbei, Oregano, Lavendel oder Thymian bereichert nicht nur den Speisezettel, sondern hält auch Schädlinge vom Beet fern.

Ab März kann man mit dem Pflanzen von Salat, Brokkoli, Kohlrabi und Radieschen beginnen. Südländisches Gemüse wie Paprika und Tomaten ist frostempfindlicher und kommt ab Mai ins Beet.

11 Richtigen Pflanzzeitpunkt beachten

FRÜHJAHRSARBEITEN

An frostfreien Tagen im Frühjahr wird das Beet für die kommende Saison vorbereitet. Der Boden sollte hierfür trocken sein. Beete werden nun abgeräumt und Laub, Unkraut und Pflanzenreste vom Vorjahr entfernt. Danach wird der Boden mit der Grabgabel gelockert, jedoch nicht umgegraben. Eine Woche vor der Pflanzung wird Dünger z. B. in Form von Kompost in die Erde eingearbeitet.

Sträucher und Bäume

Sträucher und Bäume

Entscheidend für gutes Wachstum und reiche Ernte sind bei Obst- und Beerengehölzen Standort, Boden und regelmäßiger Rückschnitt. Pflanzzeit für wurzelnackte Obstgehölze und Beerensträucher ist im Herbst. Beim Schneiden Ihrer Gehölze sollten Sie auf saubere und scharfe Schnittwerkzeuge achten und vermeiden Sie ausgefranste Wundränder. Das verhindert Krankheiten.

TIPP

» Junge Obstbäume können Sie mit einem Kalkanstrich vor Frost schützen. Das bewahrt vor Rissen in der Rinde bei starken Temperaturschwankungen und bekämpft Schädlinge, die dort Unterschlupf gefunden haben. «

Mit blühenden Gehölzen, Obstbäumen und Sträuchern gestalten Sie den Garten nach Ihren Vorlieben. Nutzen Sie diese als Schattenspender, Sicht- und Windschutz, als schmückende Elemente oder als Bereicherung Ihres Speisezettels. Bei der Auswahl sollte jedoch nicht nur der persönliche Geschmack entscheiden, informieren Sie sich bereits beim Kauf über krankheits- und schädlingsrobuste Sorten.

STANDORT UND BODENVERHÄLTNISSE

Richten Sie sich bei den Anpflanzungen auch nach den verlangten Standort- und Bodenverhältnissen, können Sie damit Krankheiten und Schädlingsbefall vorbeugen. Auch der Aufwand sollte berücksichtigt werden. Obstgehölze müssen regelmäßig geschnitten werden, ebenso viele Ziersträucher. Für Gärtner mit wenig Zeit eignen sich eher Gehölze wie Felsenbirne, Flieder oder Haselnuss. Machen Sie vor dem Kauf am besten einen Pflanzplan und denken Sie auch an die spätere Größe der Gehölze. Bevor die Pflanzen in die Erde kommen, lockern Sie den Boden auf, denn ein verdichteter Boden erschwert das Einwurzeln. Außerdem kann er zu Staunässe führen.

SCHNITT UND WUNDPFLEGE

Viele Bäume und Sträucher brauchen einen regelmäßigen Schnitt. Auch Obstbäume sollten beschnitten werden. Damit die Wunden schnell wieder zuwachsen, ist die richtige Schnittführung wichtig. Geschnitten wird in der Regel kurz über einer Knospe oder bei größeren Schnitten direkt am Astring. Vermeiden Sie unbedingt kurze, verbleibende Aststücke, sogenannte Kleiderhaken, denn sie sind ein Nährboden für Krankheitserreger. Benutzen Sie nur sauberes und scharfes Schnittwerkzeug und glätten Sie größere Wundränder mit einem Messer. Für kleine Zweige eignen sich Gartenscheren, dickere Äste werden mit einer Astschere gekappt. Modelle mit Teleskopverlängerung sind besonders praktisch, hier können Sie bei kleineren Bäumen auf eine Leiter verzichten. Große Äste entfernen Sie am besten mit einer Bügelsäge. Denken Sie auch an das Anbringen von Leimringen an den Obstbäumen. Sie schützen Ihre Bäume vor Blattläusen und Schädlingen wie dem Frostspanner. Laub von Obstbäumen, die mit einem Pilz zu kämpfen hatten, sollten Sie unbedingt aufsammeln und im Hausmüll entsorgen.

Berücksichtigen Sie beim Pflanzen den Standort und die spätere Größe des Gehölzes. So erhält das Gehölz genügend Nährstoffe und Licht und man vermeidet starke Rückschnitte, die seiner Gesundheit schaden können.

1 Standort fürs Pflanzen bestimmen

2 Boden vor dem Pflanzen auflockern

Lockern Sie die Erde unter der Pflanzgrube eine halbe Spatentiefe weit. So sorgen Sie dafür, dass das Wasser gut versickert und sich keine Staunässe bildet, die zum Absterben des Baumes führt.

3 Stützhilfen bei jungen Bäumen

Das Anbinden frisch gepflanzter Bäume verhindert das Umkippen bei Sturm und das Reißen der neu gebildeten Feinwurzeln durch Windeinwirkung, was die Wasser- und Nährstoffversorgung beeinträchtigt.

PFLANZABSTAND BEI BEERENSTRÄUCHERN

Zu eng gepflanzte Sträucher sind krankheitsanfälliger. Damit sie genug Platz, Sonne und Luft erhalten, sollten Sie auf die Pflanzabstände achten – in etwa 50 Zentimeter bei Himbeeren bis hin zu 4 Metern bei bestimmten Brombeersorten. Informieren Sie sich entsprechend beim Kauf.

RICHTIGER ZEITPUNKT

Ein falscher Schnitt schadet mehr, als er nützt. Die frostunempfindlichen Nadelgehölzen können, wenn nötig, jährlich im späten Winter geschnitten werden. Laubbäume hingegen schneidet man am besten zwischen Juli und September (Sommerschnitt beim Steinobst) bzw. nach der Entlaubung (Winterschnitt). Ein Schnitt bei Nässe oder Frost behindert die Heilung, da die Krankheitsabwehr im Winter geschwächt ist.

4 Richtig schneiden

↑ Tote, kranke oder störende Zweige dicht am Stamm sowie Pflanzen mit Knospen direkt über einer Knospe schneiden. Der Schnitt wird glatt und im 45°-Winkel schräg nach unten ausgeführt.

↓ Viele Experten raten heute, Schnittwunden nicht großflächig zu versiegeln, sondern größere Wunden (über 3 Zentimeter) nur nach dem Winterschnitt am Wundrand mit Wundverschlussmittel zu behandeln.

5 Wundpflege

6 Hochwertiges Werkzeug verwenden

↑ Garten-, Astscheren und Handsägen sollten scharf sein. Denn stumpfes Werkzeug führt zu Quetschungen und ausgefransten Rändern, die das Erkrankungsrisiko erhöhen und die Regeneration verzögern.

Beim regelmäßigen Auslichtungsschnitt werden kranke, schwache, abgestorbene und zu dicht wachsende Triebe entfernt. Dies verbessert die Luftzirkulation und Lichtausbeute und beugt Pilzkrankheiten vor.

7 Auslichtungsschnitt zur Pilzvorsorge

8 Mulchen

Mulchen unter Bäumen und Sträuchern hält ebenso wie unter Stauden den Boden gesund, ausreichend feucht, frost- und unkrautfrei sowie nährstoffreich. Scharfkantiges Mulchmaterial ist zudem ein guter Schneckenschutz.

Die klebrige Schicht auf Leimringen schützt Obst- und andere Bäume vor Schädlingen wie Frostspannern und Blutläusen, die die Stämme hinaufkriechen und ihre Eier in den Kronen ablegen.

9 Leimringe

RICHTIG MULCHEN:

Gemulcht werden kann im Sommer wie im Winter. Als Material kommen z.B. Rinde, Holzhäcksel, Stroh, Laub oder Rasenschnitt infrage. Befreien Sie den Boden von Unkraut und lockern Sie ihn leicht auf. Dann wird der Mulch 5 bis 10 Zentimeter hoch mit einigen Zentimetern Abstand zu Stiel oder Stamm um die Pflanzen herum verteilt.

Schutz durch Mischkultur

Schutz durch Mischkultur

„Es kann der Frömmste nicht in Frieden leben, wenn es dem bösen Nachbarn nicht gefällt." Dieser Satz aus Friedrich von Schillers „Wilhelm Tell" gilt auch für die Pflanzen in Ihrem Garten. Auch in der Natur wachsen die verschiedensten Pflanzen einträchtig nebeneinander. Monokulturen kommen selten vor und sind zudem anfälliger für Krankheiten und Schädlinge.

Viele Pflanzen profitieren gegenseitig voneinander: Sie wachsen üppiger und bleiben gesünder. Doch nicht nur Gemüsepflanzen ergänzen sich gegenseitig, auch Blumen und Kräuter als Beeteinfassung oder zwischen den Gemüsereihen locken fleißige Insekten an, die etwa vor Blattläusen schützen. Zudem sind Bienen & Co. zum Bestäuben vieler Fruchtgemüsearten und Obstbäume wichtig.

Dass Mischkulturen außerdem vor Schädlingen schützen, kommt nicht von ungefähr: Viele dieser unliebsamen Besucher orientieren sich am Geruch ihrer Wirtspflanzen. Steht nebenan aber eine anders duftende Pflanze, lassen sie sich häufig ablenken und fliegen lieber weiter, ohne Eier abzulegen.

GUTE UND SCHLECHTE NACHBARSCHAFT

Gute Kombinationen sind mittelzehrende Pflanzen neben schwach- oder starkzehrenden sowie Tiefwurzler mit Flachwurzlern. Achten Sie in jedem Fall auf ausreichend Platz, Licht und Luft zwischen den Pflanzen, damit diese nach Regengüssen rasch abtrocknen können. Kartoffeln und dicke Bohnen sind beispielsweise gute Nachbarn. Setzen Sie dann noch Kümmel oder Koriander daneben, werden die Kartoffeln besonders schmackhaft. Auch Dill und Möhren sind gute Partner für Kartoffeln. Als Beetpartner für würzige Radieschen ist Kresse geeignet. Passend zu Gurken können Sie Dill pflanzen. So haben Sie für Ihren Gurkensalat auch gleich frischen Dill zur Hand. Und wenn Sie eine reiche Bohnenernte möchten, setzen Sie duftendes Bohnenkraut zwischen die Reihen. Das hält die Schwarzen Bohnenläuse fern. Zwiebeln und Möhren halten sich ebenfalls gegenseitig gesund. Auch Ringelblumen und Tagetes haben einen guten Einfluss auf Obst und Gemüse und halten Schädlinge fern. Als Partner für großblättrige Kohlpflanzen sind beispielsweise. Kornblumen, Kamille, Borretsch oder Ringelblumen ideal. Und mit Knoblauch können Sie nicht nur Vampire vertreiben, sondern auch lästige Blattläuse und Pilze. Das hilft allerdings nur vorbeugend. Pflanzen Sie Knoblauch zwischen Erdbeeren, Rosen und auf Baumscheiben. Doch es gibt auch Kombinationen, die sich nicht vertragen: Meiden Sie Erdbeeren neben Kohlarten und setzen Sie Petersilie und Sellerie nicht neben Kopfsalat.

TIPP

» Mischkulturen benötigen auch weniger Platz und die Beetfläche wird besser ausgenutzt. Empfehlenswert ist ein Gartenplan anhand einer Mischkulturtabelle. «

1 Wuchsform

Berücksichtigen Sie die Wuchsform der einzelnen Pflanzen. Kombinieren Sie z. B. ausladend wachsende Pflanzen wie Kohl mit „schlanken" Partnern oder unterpflanzen Sie sie mit niedrigen Gewächsen. So nutzen Sie die vorhandene Fläche optimal aus.

2 Nachteile von Monokulturen

Der Anbau einer einzigen Pflanzenart kommt vor allem in der Landwirtschaft häufig vor. In Monokulturen breiten sich jedoch Krankheiten und Schädlinge schnell aus und führen mitunter zu kompletten Ernteausfällen.

REIFEZEITEN: *Frühreifendes Gemüse (Beetrand) mit spätreifendem (Mitte) kombinieren. Nach der Ernte den Platz für Nachpflanzung oder Gründünger (z.B. Kresse, Senf, Spinat) nutzen.*

3 Vorteile von Mischkulturen

Mit einer gezielten Mischkultur können Sie das Risiko für Schädlinge und Krankheiten reduzieren. Zudem können Sie mit der passenden Kombination die Konkurrenz um Nährstoffe gering halten.

4 Zierpflanzen

Auch Zierpflanzen können von Mischkulturen profitieren. So halten z. B. Kaiserkrone (siehe Bild) und Wolfsmilch Wühlmäuse fern, die sich über Wurzeln und Zwiebeln von Stauden, Rosen und Zwiebelgewächsen hermachen.

PFLANZABSTÄNDE BEACHTEN

Achten Sie auf ausreichende Pflanzabstände! Auch die unteren Pflanzenteile müssen ausreichend Luft und Licht erhalten.

Die ätherischen Öle, die dem Schnittlauch seinen markanten Duft verleihen, halten viele Schädlinge fern. Im Rosenbeet kann er zudem das Risiko für einen Befall mit Rostpilzen verringern.

5 Schnittlauch schützt Rosen

6 Paradebeispiel: Möhren und Zwiebeln

Möhren und Zwiebeln schützen sich gegenseitig vor Möhren- und Zwiebelfliegen, haben im Herbst jedoch unterschiedliche Wasseransprüche. Ein besserer Partner für Möhren ist Lauch.

Ein sehr verträglicher Partner für Stauden, Obst, Salat oder Gemüse ist die Ringelblume. Sie hält im Beet Schnecken und Fadenwürmer fern.

7 Ringelblumen gegen Schnecken

8 Tomaten nicht neben Kartoffeln

Tomaten und Kartoffeln sind schlechte Beetnachbarn. Da Kartoffeln Tomaten häufig mit Pilzerkrankungen wie Kraut- und Braunfäule anstecken, sollte man sie möglichst weit voneinander entfernt bzw. jährlich wechselnd anbauen.

Eine Kombination, die sich ungünstig auf die Pflanzen auswirkt, sind Salat und Petersilie. Auch mit Sellerie verträgt sich Salat nicht. Daher sollte man diese Pflanzen nie nebeneinander anbauen.

9 Salat nicht zu Petersilie oder Sellerie

10 Wirtswechsler

Zu den wirtswechselnden Erregern gehört der Birnengitterrost, der im Sommer Birnen und im Winter Wacholder befällt. Die beiden Wirtspflanzen sollten daher nicht in unmittelbarer Nachbarschaft angepflanzt werden.

Die richtige Fruchtfolge

Unter Fruchtfolge versteht man die Reihenfolge, in der Kulturen im Garten nacheinander angebaut werden. Neben Mischkulturen gehört der Fruchtwechsel zu den Grundlagen des erfolgreichen Pflanzenschutzes. Das gilt für das Gemüsebeet ebenso wie z. B. für Rosen. Gegen einige Schaderreger ist die Fruchtfolge sogar die einzige Möglichkeit der Vorbeugung.

TIPP

„Für eine gesunde Gemüsepflanze zählt nicht nur der Standort und welche Gemüsesorten nebeneinander wachsen, sondern auch, was dort im Vorjahr angebaut wurde."

Im Gemüsebeet wird zwischen Starkzehrern, Mittelzehrern und Schwachzehrern unterschieden. Bauen Sie immer die gleichen Pflanzenarten oder Pflanzen aus einer Familie auf demselben Beet an, kann das den Boden auslaugen und zu einem Mangel an Nährstoffen führen. Zudem sind Pflanzen einer Familie für dieselben Krankheiten und Schädlinge anfällig. So können sich die Erreger über längere Zeit im Boden ansiedeln und die Pflanzen schwächen.

MIT EINEM ANBAUPLAN DEN ÜBERBLICK BEHALTEN

Am besten Sie erstellen sich einen Anbauplan und notieren sich darauf die Bepflanzung Ihrer Gemüsebeete. Beginnen Sie immer mit einer passenden Gründüngung, um den Boden mit Nährstoffen zu versorgen und zu lockern. Dann folgen Starkzehrer, Mittelzehrer und zuletzt Schwachzehrer. Nach dieser Rotation beginnt der Kreislauf von vorne. Sie können auch in umgekehrter Fruchtfolge anbauen. Dieselbe Pflanzenart sollte frühestens nach einer Anbaupause von 3 Jahren wieder auf derselben Fläche angebaut werden. Auf Nummer sicher gehen: bei Kohlgewächsen nach 4 Jahren, bei Erbsen nach 6 bis 7 Jahren.

ÜBERSICHT DER PFLANZENFAMILIEN

Gemüsearten der gleichen Familie sollten nicht in Mischkultur oder als Fruchtfolge angebaut werden. Anbei eine kleine Übersicht der unterschiedlichen Pflanzfamilien und der zugehörigen Gemüsearten:

Doldenblütler: Möhre, Pastinake, Sellerie, Petersilie, Dill, Fenchel, Kerbel, Kümmel

Gänsefußgewächse: Spinat, Mangold, Rote Bete

Hülsenfrüchte: Erbse, Bohne, Dicke Bohne (Gründüngung: Lupine, Wicke, Klee)

Korbblütler: Schwarzwurzel, Salat, Endivie , Chicorée (Gründüngung: Sonnenblume)

Kreuzblütler: alle Kohlsorten, Radieschen, Rettich, Gartenkresse (Gründüngung: Raps, Gelbsenf, Ölrettich)

Kürbisgewächse: Gurke, Zucchini, Kürbis, Melone

Liliengewächse: Spargel, Zwiebel, Lauch, Knoblauch, Schnittlauch

Lippenblütler: Thymian, Majoran, Salbei, Basilikum, Bohnenkraut

Nachtschattengewächse: Kartoffel, Tomate, Aubergine, Paprika

Pflanzen, die zu den Starkzehrern zählen, wie beispielsweise Kürbisse, Kohl, Kartoffeln oder Lauch, benötigen eine gute Portion Kompost und Dünger und kommen im ersten Jahr ins Beet.

1 Starkzehrer

2 Mittelzehrer

Zu den Mittelzehrern gehören z. B. Radieschen, Spinat oder Möhren. Sie haben einen mittleren Nährstoffbedarf und folgen den Starkzehrern im zweiten Jahr, nachdem das Beet mit Kompost versorgt ist.

3 Schwachzehrer

Die genügsamen Schwachzehrer, wie z. B. Erbsen, Bohnen oder Kräuter, kommen mit geringeren Nährstoffmengen aus, sodass sie im dritten Jahr nach den Mittelzehrern gepflanzt werden können.

BEISPIELE FÜR FRUCHTFOLGEN:

1. Jahr Kreuzblütler
2. Jahr Liliengewächse
3. Jahr Hülsenfrüchte

1. Jahr Nachtschattengewächs
2. Jahr Gänsefußgewächse
3. Jahr Hülsenfrüchte

1. Jahr Liliengewächse
2. Jahr Doldenblütler
3. Jahr Gänsefußgewächse

Schutzmittel herstellen

Blattläuse oder auch Pilzkrankheiten bringen Gartenbesitzer häufig zur Verzweiflung. Doch nicht jeder will gleich die chemische Keule einsetzen, denn viele dieser Mittel schädigen auch Nützlinge. Zudem sollte Gemüse, das noch verzehrt werden soll, nicht mit Chemie behandelt werden. Die Alternative: Der Einsatz von selbst hergestellten Brühen, Jauchen und Extrakten.

TIPP

» In Form von Kräutertees und Jauchen können Sie aus einer Vielzahl von Pflanzen Schutzmittel selbst herstellen. So schützt beispielsweise Kapuzinerkresse vor Blut- und Schildläusen und Wermut vertreibt Blattläuse, Apfelwickler, Ameisen und Raupen. «

Eine einfache Methode des Pflanzenschutzes ist die Mischkultur mit anderen Pflanzen oder bestimmten Pflanzen als Randbepflanzung. Ein Vorteil ist, dass diese Pflanzen darüber hinaus noch sinnvoll eingesetzt werden können: zu Jauche, Brühe, Tee, Auszug oder Extrakt. Denn viele Pflanzen sind in der Lage, sich durch eigene Abwehrstoffe selbst vor Insekten und Pilzen zu schützen. Werden diese Pflanzen zu Brühen, Jauchen und Co. verarbeitet, wirkt das auf viele andere Pflanzen stärkend. Diese Mittel sollten im Abstand von ca. 14 Tagen angewendet werden.

BIOLOGISCHE PFLANZENSCHUTZMITTEL

Jauchen sind vergorene Pflanzenbrühen, bei denen der Gärungsprozess nach etwa. 2–3 Wochen abgeschlossen ist. Gegen die Geruchsbildung fügen Sie Baldrianextrakt oder Gesteinsmehl hinzu. Für Brühen (Kräuterbrühen) zerkleinern Sie die benötigten Pflanzen und weichen diese ca. 1 Tag in Regenwasser ein. Danach sollte die Mischung ca. 30 Minuten leicht köcheln. Nach dem Abkühlen seihen Sie die Pflanzenreste ab und verwenden die Brühe nach Rezept.

Kräutertees lassen sich ganz einfach herstellen: Frische oder getrocknete Kräuter mit heißem Wasser übergießen, zudecken ca. 5 Minuten ziehen lassen. Nach dem Abkühlen können Sie die Kräuter abseihen und den Tee nach Rezept verwenden. Kräuterauszüge sind Kaltwasserauszüge und dürfen nicht gären. Geben Sie zerkleinerte Kräuter in Regenwasser und lassen Sie die Mischung über Nacht an einem schattigen, kühlen Ort ziehen. Am nächsten Tag seihen Sie die Kräuter ab und verwenden den frischen Auszug direkt. Zur Herstellung von Extrakten müssen Sie die Kräuter auspressen. Legen Sie die Kräuter ca. 30 Minuten in lauwarmes Wasser und pürieren Sie diese. Durch ein Tuch seihen und nach Rezept verwenden.

Je nachdem, ob Sie die Mittel als vorbeugendes Stärkungsmittel oder direkt gegen Schädlinge und Pilze einsetzen möchten, sprühen Sie direkt auf die Blätter der Pflanze oder gießen Sie im Wurzelbereich. Geeignete Pflanzen für Pflanzenschutz- und Stärkungsmittel sind je nach Einsatzzweck beispielsweise Wermut, Rainfarn, Brennnessel, Beinwell, Ackerschachtelhalm, Kamille und Löwenzahn.

1 Beinwelltee

Beinwelltee dient vor allem zur Stärkung von empfindlichen und angeschlagenen Pflanzen. Hierfür 1 Liter kochendes Wasser auf 5 Gramm Beinwellextrakt gießen und ca. 15 Minuten ziehen lassen. Abkühlen, filtern und Pflanze damit gießen.

2 Brennnesseljauche

1 Kilogramm Brennnesseln mit 10 Litern Wasser ca. 10–14 Tage luftdicht gären lassen. Dabei täglich umrühren. Jauche anschließend abseihen und 1:10 verdünnen. Pflanzen mit Jauche besprühen oder gießen.

REGENWASSER VERWENDEN: *Da Leitungswasser meist zu kalkhaltig ist, eignet es sich nicht besonders gut zum Ansetzen von Jauchen und Brühen. Verwenden Sie Regenwasser, das zudem einen optimalen pH-Wert besitzt.*

3 Ackerschachtelhalmbrühe

1 Kilogramm frischen Ackerschachtelhalm in 10 Liter Wasser ca. 24 Stunden einweichen lassen, anschließend ca. 30 Minuten köcheln lassen. Abkühlen und 1:20 verdünnen. Zum Sprühen oder Gießen.

4 Rainfarnsud

100 Gramm getrockneten Rainfarn ca. 30 Minuten in 1 Liter Wasser kochen. Abkühlen und filtern. Verdünnen (1:10 bei leichtem Befall, 1:6 bei starkem Befall) und Pflanzen damit besprühen.

KIESELSÄURE STÄRKT DIE PFLANZE

Die Kieselsäure im Ackerschachtelhalm stärkt das Pflanzengewebe und macht es Angreifern schwer, ins Blattgewebe einzudringen.

Auch Brennnesseltee wirkt insektizid. 100 Gramm frische Brennnessel mit 1 Liter Wasser aufbrühen. Abkühlen, filtern und 1:10 verdünnen. Befallene Pflanze damit besprühen.

5 Brennnesseltee

6 Salbeitee

Salbeitee hilft gegen Insekten und bei Kraut- und Knollenfäule. 100 Gramm frischen Salbei mit 1 Liter Wasser aufbrühen und abkühlen lassen. Befallene Pflanze damit besprühen (Schädlinge) oder damit gießen (Kraut- und Knollenfäule).

7 Neemöl

1 Teelöffel Neemextrakt mit 1 Liter Wasser vermischen. Befallene Pflanzen damit besprühen. Bei starkem Befall mehrmals täglich wiederholen. Einige Tropfen Neemöl zum Gießwasser wirken zudem kräftigend.

8 Seifenlauge

1 Esslöffel Schmierseife (idealerweise Kaliseife) in 1 Liter Wasser auflösen und befallene Pflanze damit besprühen. Bei starkem Blattlausbefall zusätzlich 2 Teelöffel Alkohol zur Seifenlösung geben.

100 Gramm frischen Knoblauch klein hacken und in 3 Liter Wasser aufkochen. Ca. 1 Stunde ziehen lassen. Abkühlen, filtern und Pflanze gießen (bei Wurzelfäule) oder besprühen (bei Schädlingen oder Sternrußtau).

9 Knoblauchextrakt

10 Minztee

Minztee wirkt gegen schwarze und mehlige Blattläuse. Aus 100 Gramm frischer Minze und 1 Liter Wasser einen Tee kochen, filtern und abkühlen lassen. Befallene Pflanze damit besprühen.

Lavendel hilft, Rosen vor Blattläusen zu schützen. 2 Handvoll getrocknete Lavendeblüten mit 1 Liter kochendem Wasser aufgießen, ca. 4 Stunden ziehen lassen und filtern. Rose damit besprühen.

11 Duftpflanzenextrakte bei Blattläusen

EINSATZ VON DUFTPFLANZEN

Der Duft von Lavendel oder Oregano verwirrt Schädlinge und sie befallen ihre bevorzugte Wirtspflanze nicht, da sie sie nicht erkennen. Entweder man besprüht die Pflanze mit einem Auszug oder pflanzt die Duftpflanzen direkt daneben. Dies wirkt jedoch nur vorbeugend.

Nützlinge fördern

Es gibt jede Menge tierische Helfer, die Sie bei der Gartenarbeit und Ihrem Wunsch nach gesunden Pflanzen unterstützen. Damit sich Insekten, Igel, Vögel & Co. in Ihrem Garten wohlfühlen, können Sie selbst etwas tun. Nützlinge lieben naturnahe Gärten mit Blumen- und Wiesenbereichen, Hecken, Bäumen und heimischen Stauden und ganz wichtig: ohne Chemie!

TIPP

» Florfliegen bekämpfen Blattläuse und mögen als Überwinterungsmöglichkeit rotgestrichene Kästchen mit Holzwollefüllung und seitlichen Schlitzen. «

Nützlinge sorgen auf natürliche Weise für ein gesundes Gleichgewicht in der Natur. Indem Sie Lebensräume für Nützlinge schaffen, werden sich diese in Ihrem Garten wohlfühlen und sich dort ansiedeln. Allerdings werden sie nicht sofort alle Schädlinge vertilgen. Vielmehr vermehren sich zunächst beispielsweise die Blattläuse, dann erst ihre Fraßfeinde, also die Nützlinge. Sind dann kaum noch Blattläuse zum Fressen vorhanden, werden sich auch die Nützlinge wieder reduzieren – bis der Kreislauf von Neuem beginnt.

PFLANZEN FÜR NÜTZLINGE

Indem Sie Ihren Garten von Anfang an naturnah und attraktiv für Nützlinge gestalten und auf abwechslungsreiche Bepflanzung achten, finden diese ausreichend Nahrung. Denn Pflanzen sowie Insekten, Vögel und Co. brauchen sich gegenseitig. Bestäubende Insekten lieben die ungefüllten einfachen Blüten der Wildformen von Pflanzen. Gefüllte Blumensorten, die keinen Nektar und Pollen enthalten, nützen ihnen wenig. Insektenfreundliche Pflanzen sind z. B. Kornelkirsche, Schlehe, Vogelkirsche, Kornblume, Ringelblume und Gänseblümchen oder auch Dill, Salbei, Minze und verschiedene Beerensorten wie Brombeere und Himbeere. Beim Staudenbeet sind Wiesensalbei, Akelei, Nachtkerze, Hornklee, Immenblatt, Brennnessel oder Spitzwegerich beliebt. Mehrjährige Stauden, die den Winter über im Garten verbleiben, sollten wenn möglich erst Ende April/Anfang Mai geschnitten werden. So können in den Stängeln und an den Blättern Insekten überwintern. Auch die Raupen brauchen Nahrungsquellen. Sie mögen u. a. Brennnessel, Ampfer, Zitterpappel und Apfelbaum. In trockenen Sommern freuen sich Insekten über eine mit Wasser und Kies gefüllte flache Schale.

UNTERSCHLUPFE SCHAFFEN

Neben dem Kauf geeigneter Pflanzen können Sie noch mehr für Nützlinge tun. Eine Wildstrauchhecke bietet Schutz und Nahrung, nicht nur für Vögel. Kröten oder Laufkäfer sind zwar im Garten nicht unbedingt beliebt, doch sie vertilgen z. B. Kartoffelkäfer, Drahtwürmer und kleine Schnecken. Entfernen Sie im Herbst nicht alles Laub und lassen Sie auch Holz- und Rindenstücke sowie Gehölzschnitt liegen. Diese bieten Amphibien und Käfern Unterschlupf.

Gärten mit Doldenblütlern bieten Schlupfwespen ideale Nahrungsmöglichkeiten, da sie sich von Nektar ernähren. Zu den Doldenblütlern gehören viele Kräuter und Gemüse wie Liebstöckel, Petersilie, Fenchel und Pastinaken, aber auch das „Unkraut" Giersch.

1 Schlupfwespen anlocken

2 Marienkäfer fördern

Neben Blattläusen stehen auf dem Speiseplan von Marienkäfern auch die Blütenpollen von Minze, Fenchel, Dill, Schnittlauch, Löwenzahn, Ringelblume, Mohn und Schafgarbe.

3 Schweb- und Florfliegen

Nicht nur Katzen, sondern auch Schweb- und Florfliegen lieben den Duft von Katzenminze und lassen sich dadurch im Garten anlocken. Diese legen dann ihre Eier in die Nähe von Blattlauskolonien ab, die ihre Larven mit Vorliebe fressen.

NÜTZLING RAUBWANZE

Raubwanzen sind wichtige Nützlinge, sie ernähren sich von anderen Wanzen, Raupen, Käfern, aber auch von Blattläusen, Thripsen und Spinnmilben. Entweder aktiv oder als Lauerjäger auf Pflanzen stellen sie ihren Beutetieren nach. Sie können die Ansiedlung von Raubwanzen im Garten durch Totholz-, Reisig- und Steinhaufen fördern.

NATURNAHE GÄRTEN

Um Nützlinge im Garten anzusiedeln, müssen Sie geeignete Lebensräume für sie schaffen. Heimische Wildsträucher bieten Schutz und Nahrung, auch Nistkästen, an geeigneter Stelle angebracht, können bei der Ansiedlung von Vögeln, die besonders während der Brutzeit viele Schädlinge dezimieren, helfen. Trockenmauern, Stein- und Totholzhaufen bieten Hohlräume, in denen sich Laufkäfer und Kröten verstecken können, Igel bevorzugen Laubhaufen und Eidechsen tummeln sich gerne an sonnigen Plätzen.

4 Nützlinge im Handel kaufen

Zahlreiche Nützlinge wie den Australischen Marienkäfer (Foto oben), Raubmilben und Florfliegenlarven können Sie im Gartenfachhandel oder im Internet gezielt kaufen, um sie gegen bestimmte Schädlinge einzusetzen und sie nach Gebrauchsanweisung im Garten anzusiedeln.

Viele Möglichkeiten, sich bei der Bekämpfung von Schadinsekten die Unterstützung nützlicher Helfer zu sichern, sind ganz einfach. Statt eines Rasens schaffen eine Wildblumenwiese oder andere der Natur überlassene Ecken einen vielseitigen Lebensraum und Nahrungsquellen.

5 „Wilde Ecken“ im Garten

6 Laubhaufen unter Hecken

Laub vom Vorjahr, einfach unter die Hecke gerecht statt in der Biotonne entsorgt, bietet vielen Nützlingen wie Insekten, Amphibien und Igeln das gesamte Jahr hindurch nicht nur im Winter Unterschlupf.

Vogeltränken und Wasserschalen im Garten bieten in heißen Sommern nicht nur Vögeln wichtige Trink- und Bademöglichkeiten, auch Insekten und anderen Nützlingen dienen sie als Wasserquelle.

7 Vogeltränke nicht nur für Vögel

8 Baumstümpfe als Unterschlupf

Auch mit Totholz können Sie im Garten wertvolle Lebensräume schaffen. Das Schnittholz von Gehölzen sowie Baumstümpfe, abgestorbene Äste oder vermodernde Stämme werden gerne von Marienkäfern, Ohrwürmern & Co. besiedelt und bieten Kröte oder Igel Unterschlupf.

Vor allem Hecken aus heimischen Sträuchern sind für viele Tierarten ein wichtiger Lebensraum. Nützliche Vögel wie Neuntöter oder Rotkehlchen nisten im dichten Astgewirr einer Hecke. Als Winterquartier ist eine Hecke wichtig für Igel und viele Amphibien.

9 Hecken und Sträucher für Vögel

BENJES-HECKE:

Das Prinzip einer Benjes-Hecke ist eine Art Gestrüppwall aus Baum- und Strauchschnittgut, unterbrochen von Sträuchern. Benjes-Hecken ermöglichen zahlreichen Tierarten einen neuen Lebensraum, z.B. bodenbrütenden Vögeln. Die Anlage einer Benjes-Hecke ist nicht nur einfach und preiswert, sondern auch ein sich ständig verändernder Naturraum, zuerst wachsen Kräuter und Wildstauden, die mit den Jahren durch aufkommende Sträucher verdrängt werden.

Orte für Nützlinge schaffen

Orte für Nützlinge schaffen

Eine wilde Blumenwiese, Früchte tragende Wildsträucher, blühende Kräuterbeete, Reisighaufen und kleine Verstecke locken Wildtiere, Vögel und Insekten an. Im Winter sollten Sie Ihnen geeignete Quartiere anbieten. Igel freuen sich über einen Haufen aus totem Holz, Reisig und Laub. Eichhörnchen und Siebenschläfer machen Sie mit geeigneten Futterkästen glücklich.

TIPP

» Zusätzliche Futterstellen für Igel im Herbst können mit Igeltrockenfutter und Katzendosenfutter bestückt werden. Auch Wasser ist lebenswichtig. «

Für Marienkäfer, Florfliegen und Hummeln gibt es spezielle Insektenhotels. Diese dienen den Nützlingen nicht nur als praktische Nisthilfen im Frühjahr und Sommer, sondern sind auch als Winterquartiere prima geeignet. Zudem bietet das Füllmaterial Marienkäfern und Ohrwürmern Unterschlupf- und Brutmöglichkeiten.

INSEKTENHOTELS BAUEN

Auch Wildbienen und Solitärwespen benötigen entsprechende Quartiere zum Unterschlupf und für ihre Brutkammern. Geeignet sind Hohlräume in Holz und Stängeln, in der Erde oder in Steinen. Viele Insekten-Nistkästen sind im Handel erhältlich, alternativ können Sie diese auch selbst herstellen. Um den Insekten bei ihrem Nestbau zu helfen, stellen Sie etwas feuchten Lehm bereit. Viele Wespen und Bienen benötigen Lehm, um ihre Nester zu bauen und die Bruthöhlen zu verschließen. Durch oft stark versiegelte Böden finden die Insekten in vielen Gärten keinen feuchten Lehm mehr. Stellen Sie einfach eine Schale mit Lehm, Ton oder Löss bereit oder bringen Sie diese an einer Trockenmauer an. So stellen Sie Bienen und Wespen geeignetes Baumaterial zur Verfügung.

VÖGEL UND IGEL FÖRDERN

Helfen Sie auch den Vögeln. Diese finden in den heutigen Gärten kaum noch geeignetes Totholz für ihre Nisthöhlen. Neben Halbhöhlen- und Höhlenbrüterkästen für Meisen und Stare sind auch spezielle Nistkästen für Zaunkönig, Rotschwanz und Kleiber erhältlich. Mit etwas handwerklichem Geschick können Sie diese wie die Insektenhotels auch selbst bauen. Prinzipiell können Sie die Nisthilfen überall aufhängen, wichtig ist nur der Schutz vor Katzen und Mardern. Hängen Sie sie in ca. 2–3 Meter Höhe auf, das Einflugloch sollte Richtung Osten oder Südosten zeigen. Im Winter sind außerdem zusätzliche Vogel-Futterstellen ideal. Fast alle Arten lieben Sonnenblumenkerne. Rotkehlchen, Amseln und Zaunkönig als Weichfutterfresser mögen gerne Haferflocken, Rosinen, Kleie und Obst. Achten Sie hier unbedingt darauf, dass das Futter nicht verdirbt. Für Winterschläfer wie Kröten oder Igel lassen Sie einen Haufen aus totem Holz, Reisig und Laub im Garten liegen. Auch ein Igelhäuschen leistet gute Dienste. Fressbares finden die stachligen Gesellen in Gebüschen, unter Obstbäumen und auf Rasenflächen.

1 Nisthilfen für Vögel

Um möglichst vielen unterschiedlichen Vogelarten in Ihrem Garten eine Heimat zu bieten, sollten Sie Nistkästen mit verschieden großen Einfluglöchern aufhängen. Wichtig dabei ist, dass die Vögel einen freien Anflug auf ihren Nistplatz haben.

Trockenmauern und Steinhaufen bieten Sonnenplätze und Unterschlupfmöglichkeiten sowie Winterquartiere für viele Tiere wie beispielsweise Eidechsen. Dabei ist die Errichtung eines Steinhaufens einfacher als bei einer Trockensteinmauer.

2 Trockensteinmauern und Steinhaufen

3 Ohrwurmhotel

Mit Stroh oder Holzwolle gefüllte Blumentöpfe, die Sie am besten umgedreht direkt an die Äste von Obstbäumen hängen, haben sich als Ohrwurm-Quartiere bewährt.

INSEKTENHOTELS NICHT NUR FÜR AUFGERÄUMTE GÄRTEN

Schädlingsbekämpfer und Blütenbestäuber finden hier Nisthilfen und Überwinterungsmöglichkeiten.

4 Hohlröhren

Angeschnittene Bambus-Röhren sowie markhaltige oder hohle Pflanzenstängel und Triebe, beispielsweise von Holunder und Schilfgras, in verschiedenen Durchmessern (2–10 Millimeter) und einer Länge von ca. 12 Zentimetern bieten Wildbienen und -wespen ideale Nistmöglichkeiten.

AUF DEN STANDORT ACHTEN:
Der ideale Standort ist vollsonnig und witterungsgeschützt. Ideal ist es zudem, wenn in der Nähe ausreichend Lehm, Sand und Wasser zum Nestbau zu finden sind sowie blühende Wildblumen als Nahrungsquelle.

5 Insektenhotel kaufen

Insektenhotels sind in unterschiedlichen Formen und Varianten im Handel als Bausatz oder bereits fertig montiert zu kaufen. Achten Sie dabei allerdings darauf, dass die Hotels auch den Anforderungen der Nützlinge entsprechen und nicht nur hübsch aussehen.

Der Nutzen von leeren Lochziegeln zum Nestbau ist für Insekten begrenzt. Denn die Löcher werden nicht angenommen, da sie zu groß sind. Es sei denn, die Löcher im Ziegelstein sind sehr klein oder mit hohlen Pflanzenstängeln bestückt.

6 Insektenhotel im Ziegelstein

7 Insektenhotel in der Dose

Ein Insektenhotel muss nicht immer aus einer komplizierten Holzkonstruktion bestehen, auch aus Konservendosen kann man tolle Insektenhotels bauen. Metall ist wasserabweisend und verrottet weniger schnell als Holz.

Auf dem Markt gibt es zahllose Varianten von Insektenhotels. Aber es braucht keine teuren Luxusmodelle, um Wildbienen zu helfen. Der Naturschutzbund zeigt beispielsweise, worauf es ankommt. Mehr Informationen unter www.nabu.de/umwelt-und-ressourcen/oekologisch-leben/mission-gruen/.

8 Insektenhotel für Bastler

UNTERKUNFT FÜR IGEL

Im Gartenhandel gibt es spezielle Igelhäuser zu kaufen. Sie können aber auch selbst eins bauen, z. B. aus einer alten Weinkiste, Backsteinen, einer Plastikkiste oder einer gut ausgelüfteten Styroporbox. Wichtig sind Schutz gegen Regen von oben und Feuchtigkeit von unten, eine gute Belüftung und Stroh als Nestmaterial.

Baumscheiben aus Hartholz mit unterschiedlich großen Bohrungen eignen sich ebenfalls als Nisthilfen für Wildbienen, es ist allerdings darauf zu achten, dass die Bohrungen tief genug sind (Bohrtiefe entspricht der jeweiligen Bohrerlänge), das Holz gut abgelagert ist (sonst springt es) und die Scheiben sonnig und vor Regen geschützt aufgehängt werden.

9 Insektenhotel aus einer Baumscheibe

10 Insektenhotel als Deko

Mit Naturmaterialien wie z. B. Hartholzscheiben mit vorgebohrten Löchern entstehen kunstvolle, individuelle Objekte, die kreativ gestaltet und dekorativ im Garten angebracht werden können.

PFLANZEN UND IHRE KRANKHEITEN VON A–Z

Zierpflanzen

Zierpflanzen

Ob in Bauerngärten, auf Terrassen oder Balkonen, nicht immer blüht und gedeiht alles so, wie gewünscht. Wenn Schädlinge und Krankheiten den Pflanzen zu schaffen machen, ist guter Rat teuer. Für die Gesundheit der Pflanzen spielen Boden, Licht und Nährstoffe eine wichtige Rolle. Natürliche Pflanzenstärkungsmittel machen die Pflanzen widerstandsfähiger.

PILZERKRANKUNGEN BEI ZIERPFLANZEN

Mehltau ist eine weit verbreitete Pilzerkrankung bei Zier- und Topfpflanzen, die in verschiedenen Arten auftritt. Generell wird unterschieden zwischen dem Echten und dem Falschen Mehltau. Der Echte Mehltau bildet sich bei Wärme und Trockenheit und zeigt sich als abwischbarer weißer, später grau-schmutziger, mehlartiger Belag auf den Blattoberseiten. Dadurch entzieht der Pilz den Blättern Nährstoffe, sie vertrocknen und werden braun. Betroffene Blätter und Pflanzenteile sollten Sie sofort entfernen. Vorbeugend helfen ausreichend Abstand zwischen den Pflanzen und die Auswahl Mehltau resistenter Sorten. Geeignete Pflanzenstärkungsmittel sind Knoblauchbrühe und eine Behandlung mit frischer Milch. Falscher Mehltau liebt Feuchtigkeit und zeigt sich als gräulicher Rasen auf den Blattunterseiten. Der Pilz ist sehr aggressiv und breitet sich rasch auf der Pflanze sowie auf Nachbarpflanzen aus. Befallene Blätter und andere Pflanzenteile sollten Sie sofort entfernen. Vorbeugend die Pflanzen nicht zu dicht setzen und mit einem Sud aus Rainfarn oder Ackerschachtelhalmsud stärken. Ein Sud aus Ackerschachtelhalm ist auch ein effektives Mittel gegen Blattläuse. Ackerschachtelhalm wächst an vielen Stellen in der Natur und ist getrocknet oder als Konzentrat im Handel erhältlich. Die Kieselsäure im Schachtelhalm macht die Pflanzenzellen stark und widerstandsfähig. Ackerschachtelhalmsud hilft auch vorbeugend gegen Grauschimmel oder Schorf.

Ein weiterer Pilz, der Schaden anrichtet, ist etwa der Pilz *Kabatina thujae*, er kann zum Absterben der Nadeln von Lebensbaum, Wacholder oder Zypresse führen. Erkennbar ist er an braunen Triebspitzen, ganze Pflanzen werden selten geschädigt. Da der Pilz an den Trieben überwintert, müssen diese entfernt werden. Vorbeugend sollten die Pflanzen nicht zu dicht stehen und genügend Nährstoffe bekommen.

SCHÄDLINGE BEI ZIERPFLANZEN

Auch Schädlinge schwächen Zier- und Topfpflanzen. Gefräßige Tiere wie der Dickmaulrüssler, saugende Insekten wie Schildläuse oder die immer hungrigen Raupen vieler Schmetterlingsarten schädigen Triebe, Blätter und Früchte. Die Raupen der Gespinstmotte bilden dichte Netze, die herausgeschnitten werden sollten. Miniermotten sind ebenfalls lästig. Viele der Miniermottenarten sind auf einzelne Wirtspflanzen spezialisiert, wobei die Larven die Blätter mit ihren Fraßgängen zerstören. Erkennbar sind die Schä-

TIPP

» Oft sind Pflanzen bereits im Gartencenter von Krankheiten und Schädlingen befallen. Untersuchen Sie also das auserwählte Exemplar sorgfältig, bevor Sie es kaufen. «

Echter Mehltau befällt viele Zierpflanzen wie hier auf Phlox. Besonders häufig tritt er auch bei Rosen auf. Als obligater Parasit ist er auf eine lebende Wirtspflanze angewiesen und schont diese deshalb einigermaßen.

1 Echter Mehltau

2 Blattunterseite mit Falschem Mehltau

Um Falschem Mehltau auf die Spur zu kommen, sollten Sie regelmäßig die Blattunterseiten Ihrer Pflanzen prüfen. Der Pilz liebt Feuchtigkeit, weshalb Sie Pflanzen nur von unten gießen und hohe Luftfeuchtigkeit vermeiden sollten.

3 Vertrocknete Triebe bei einer Thuje

Verfärben sich die Triebe der Thuje, kann dies mehrere Ursachen haben. Tritt die Verfärbung in Bodennähe auf, können Streusalzschäden verantwortlich sein. Auch Pilzerkrankungen führen zu braunen Trieben.

STREUSALZSCHÄDEN

Vor allem im Vorgarten oder bei Heckenpflanzen in Straßennähe sind viele Ihrer Zierpflanzen der Gefahr von Schäden durch Streusalz ausgesetzt. Diese äußern sich oft in absterbenden Trieben und kümmerlichem Wuchs. Gegen das Salz hilft regelmäßiges, ausgiebiges Wässern, wenn der Boden wieder offen ist, um es in tiefere Schichten zu spülen.

den an den braunen Blättern, die frühzeitig absterben. Normalerweise ist das Problem mehr optischer Natur, nachhaltigen Schaden richtet die Miniermotte an Zier- und Topfpflanzen in der Regel nicht an. Hängen Sie in Ihrem Garten Nistkästen auf und fördern Sie den Vogelbestand. Diese helfen Ihnen bei der Bekämpfung der Miniermotten.

Ein weiterer Schädling im Garten, der auch viele Kübelpflanzen befällt, ist der Dickmaulrüssler. Besonders die Larven schaden den Pflanzen, denn sie bohren sich durch das Erdreich zu den Wurzeln und fressen sie an. Erwachsene Käfer fangen Sie nachts, ausgerüstet mit einer Taschenlampe, oder bieten ihnen ein Tagesversteck in mit Holzwolle gefüllten Töpfen. Dort können Sie sie dann gut einsammeln. Gegen die Larven setzen Sie bei Temperaturen zwischen 15 °C und 25 °C Nematoden aus oder Sie nutzen ausgepressten Neemsamen, den Sie ins Erdreich mischen. Neemöl oder Niemöl hilft auch gegen Schildläuse. Spritzen Sie es direkt auf die Blätter, hilft es gegen akuten Schädlingsbefall. Versprühen Sie es nie bei praller Sonne oder bei Regen – es verfehlt sonst seine Wirkung. Einige Tropfen Neemöl im Gießwasser stärken die Wurzeln der Pflanze von innen heraus. Im Handel bekommen Sie reines Neemöl oder auch gebrauchsfertige Mischungen zum Spritzen oder Gießen. Das „Wundermittel" aus den Samen des indischen Neembaums wirkt sogar gegen Schnecken.

Im Schutz der Dunkelheit kriechen die Nacktschnecken aus ihren Verstecken hervor und fressen neben Salat und Gemüse auch Blumen. Vor allem bei feuchter Witterung sind sie kaum zu stoppen. Am besten ist es natürlich, wenn die Schnecken gar nicht erst an die Pflanzen gelangen. Zur Abwehr gibt es mehrere Methoden: Beetumrandungen und Blumentöpfe mit einem speziellen ökologischen Schutzanstrich versehen, der im Handel erhältlich ist. Auf dem glatten Untergrund finden Schnecken keinen Halt. Versteckmöglichkeiten wie hohes Gras in der Nähe von Beeten sollten Sie beseitigen und den Boden feinkrümelig halten, so können sie ihre Eier nicht ablegen. Natürliche Hemmschwellen wie Kalk, Sägespäne, Eierschalen oder Kaffeesatz können Sie um die Beete oder Topfpflanzen ausbringen. Ferner hilft das Absammeln und bereits im Spätsommer/Herbst ihre Gelege im Garten aufzuspüren und zu vernichten.

Die Fraßgänge der Miniermottenraupen sind mehr ein Schönheitsfehler und führen nur selten zur Schwächung.

4 Miniermotte

5 Gespinstmotte

Gespinstmotten legen ihre Eier gern auf Laub- und Obstbäumen ab. Die Raupen können dann im schlimmsten Fall zu Kahlfraß führen. Sie sind jedoch durch ihre Gespinste schnell entdeckt.

Der Dickmaulrüssler findet im Zier- wie auch im Nutzgarten viele Pflanzen, die ihm hervorragend schmecken. Die Käfer knabbern meist an Knospen, Blättern und jungen Trieben, während die Larven an den Wurzeln fressen.

6 Dickmaulrüssler

7 Larve des Dickmaulrüsslers

Ab Juni legen Dickmaulrüssler ihre Eier im Erdreich ab, ca. zwei Wochen später schlüpfen dann die 3–10 Millimeter großen, gelblichweißen Larven, die anhand ihrer braunen Kopfkapsel gut zu identifizieren sind.

Neemöl hat sich über die Jahre zu einem echten Wundermittel in der ökologischen Schädlingsbekämpfung entwickelt und hat den großen Vorteil, Nützlingen nicht zu schaden.

8 Mit Neemöl sprühen

NEEMÖL:

Neemöl wird aus dem südasiatischen Neembaum gewonnen und entwickelt seine Hauptwirkung bei Schädlingen, die ein Verpuppungsstadium durchlaufen. Da es die Synthese von Chitin stört, können sich die Larven nicht erfolgreich verpuppen. Aber auch bei Schnecken und Pilzbefall hat sich das intensiv nach Zwiebeln riechende Öl bewährt.

Acer

Ahorn

Beliebt ist der Ahorn vor allem wegen seiner schönen intensiven Herbstfarben. Wem der klassische Baum im Garten zu groß ist, muss dennoch nicht verzichten: Auch der kleinere Zwerg-Fächerblattahorn bringt Farbe und Abwechslung ins Gartenjahr. Er lässt sich sogar im Kübel kultivieren.

Zeigen sich trockene Blattspitzen und Blattränder, könnte das durch Sonnenbrand oder Nährstoffmangel entstehen. Sterben die Blätter und/oder Triebe allerdings nach und nach ab, ist eine Pilzerkrankung wie die *Verticillium*-Blattwelke wahrscheinlich. Um sicherzugehen, schneiden Sie einen der betroffenen Triebe durch und schauen Sie nach den typischen dunklen halbkreis- bis ringförmigen Verfärbungen. Sind diese vorhanden, entsorgen Sie alle abgefallenen Blätter und schneiden tote Äste und Zweige direkt am Ansatz heraus. Wichtig: Der Pilz bildet Dauersporen aus, die im Boden verbleiben. Ist der gesamte Ahorn vom Pilz befallen, muss er entfernt werden. An dieser Stelle sollte auch kein neuer Ahorn oder andere für diesen Pilz anfällige Gehölze gepflanzt werden. Rote Pusteln deuten auf Gallmilben hin. Diese müssen Sie in der Regel nicht bekämpfen. Bei starkem Befall Triebe zurückschneiden. Die Teerfleckenkrankheit wird durch einen Pilz verursacht. In diesem Fall im Winter das Falllaub entfernen, da der Pilz hier überwintert.

STECKBRIEF

- Sonne bis Halbschatten
- bei Trockenheit
- Echter Mehltau
- Blattläuse, Wollige Napfschildlaus, Spinnmilben

Sehen Sie im Spätsommer schwarze Flecken mit gelbem Rand auf den Blättern, kann dies die Teerfleckenkrankheit, auch Ahornrunzelschorf genannt, sein.

1 Teerfleckenkrankheit

2 Gallmilben

Gallmilben saugen an der Blattoberseite, wodurch die auffälligen Gallen entstehen. Diese sind jedoch harmlos und stören nur optisch.

Buxus sempervirens

Buchsbaum

Buchsbäume sind beliebt als klassische Beeteinfassungen für Bauern- und Gemüsegärten. Auch als Schmuckhecke, einzelner Strauch oder in Form geschnitten erfreuen sie viele Jahre. Der pflegeleichte Buchs bevorzugt humosen, lockeren Boden und regelmäßiges Düngen mit organischem Material.

Seit einigen Jahren breitet sich der Buchsbaumzünsler aus. Die Schmetterlingsraupen ernähren sich von den Blättern. Bei massivem Befall schneiden Sie den Buchs kräftig zurück. Abgeschnittene Zweige im Hausmüll entsorgen. Zu saurer Boden, Über- oder Unterdüngung oder Verbrennungen durch zu viel Sonne machen ihn anfällig für Pilze. Beim Buchsbaum-Triebsterben sehen Sie orange- bis graubraune Blattflecken, dunkle Streifen an den Trieben sowie einen weißen Sporenbelag auf der Blattunterseite. Verliert der Buchs innerhalb kürzester Zeit sehr viele Blätter, kann das auf den aggressiven Pilz *Cylindorcladium buxicola* hinweisen. Befallene Pflanzen und Laub dann im Hausmüll entsorgen. Schnittwerkzeuge desinfizieren, oberste Erdschicht abtragen und entsorgen. Zugelassene chemische Mittel zur Bekämpfung gibt es nicht. Vorsorge: luftiger Standort, von unten gießen, kein Rückschnitt an feuchtwarmen Tagen. Bei Neupflanzungen auf widerstandsfähige Sorten achten. Auch Schädlinge wie der Buchsbaumblattfloh machen dem Buchs zu schaffen.

STECKBRIEF

- *je nach Art Sonne oder Halbschatten*
- *regelmäßig*
- *Buchsbaumrost, Volutella-Triebsterben (Buchsbaumkrebs)*
- *Buchsbaum-Spinnmilben*

Erste Anzeichen sind abgefressene Blätter und Gespinste. Im Sommerhalbjahr können Sie versuchen die Raupen abzusammeln, später helfen Nematoden.

1 Buchsbaumzünsler

2 Buchsbaumblattfloh

Die Larven des Buchsbaumblattflohs schlüpfen Mitte/Ende März. Sie schädigen die Pflanze durch ihr Saugen; auf dem Kot siedeln sich Rußtaupilze an.

Kirschlorbeer

Der robuste, immergrüne Kirschlorbeer ist eine beliebte Heckenpflanze. Er mag feuchte, humose und kalkhaltige Böden. Schwere Lehmböden sind wegen der Gefahr von Staunässe nicht geeignet. Auch im Kübel fühlt er sich wohl, dort sind langsam wachsende Sorten wie etwa ‚Otto Luyken' sinnvoll.

Ein ganz typisches Schadbild an Kirschlorbeerblättern ist der Buchtenfraß des Dickmaulrüsslers. Doch nicht nur Schädlinge, auch Krankheiten machen den Pflanzen zu schaffen, darunter die Schrotschusskrankheit. Hier zeigen sich zunächst braune kreisrunde Flecken, die ungleichmäßig über das ganze Blatt verteilt sind. Im weiteren Verlauf fällt das innen liegende Blattgewebe aus den Flecken heraus und es entstehen runde Löcher, die der Pilzkrankheit ihren bezeichnenden Namen gaben. Eine effektive Maßnahme, um die Pilzkrankheiten einzudämmen oder zu verhindern, ist der jährliche Rückschnitt Ende Juni bis Mitte Juli. Entfernen Sie auch erkrankte Triebe und entsorgen Sie befallene Blätter. Eine weitere Krankheit bei Kirschlorbeer sind Blattrandnekrosen, erkennbar an braunen Blatträndern. Das kann von der Wasserqualität – zu viel Natrium – und/oder von Kalimangel kommen. Beispielsweise kann eine Überdüngung mit Magnesium die Verfügbarkeit von Kalium hemmen. Eine Bodenanalyse hilft hier weiter.

Zeigt sich an den Blättern des Kirschlorbeers Buchtenfraß, ist höchstwahrscheinlich der gefräßige und nachtaktive Dickmaulrüssler am Werk.

Buchtenfraß des Dickmaulrüsslers

Prunus laurocerasus

STECKBRIEF

- *Sonne bis Halbschatten*
- *regelmäßig*
- *Echter Mehltau, Falscher Mehltau*
- *Blattläuse*

Thuja

STECKBRIEF

Sonne bis Halbschatten

regelmäßig, Staunässe vermeiden

div. Lausarten, Thujaminiermotte, Spinnmilben

Streusalz kann im Winter Schäden anrichten!

Lebensbaum

Lebensbäume bzw. Thujen gedeihen als immergrüne, winterharte Heckenpflanzen in feuchtem, humosem und kalkhaltigem Boden und eignen sich als Hecke und/oder Sichtschutz. Erhältlich sind sie als aufrecht, breit säulen- bis kegelförmig wachsende Sorten oder als klein bleibende Zwergform.

1 Schädlingsbefall

Auch Schädlinge können Lebensbäume befallen. Unter ihnen sind Rindenläuse, Spinnmilben, Thujaminiermotten oder die oben abgebildete Schildlaus.

Zeigen sich vertrocknete Triebe, kann dies am Pilz *Kabatina thujae* liegen. Dann sollten Sie die braunen Triebe bis ins gesunde Holz zurückschneiden.

2 Vertrocknete Triebe

Wird die grüne Hecke braun, sind verschiedene Ursachen möglich. Sterben größere Triebe oder sogar die ganze Pflanze von der Basis her ab, kann das an der Wurzel- und Stammfäulnis (*Phytophthora*) liegen. Anfangs verlieren die Triebe ihre grüne Farbe und werden gräulich. Sind es nur kurze Triebstücke, die absterben, kann es sich um eine Pilzinfektion mit dem Pilz *Kabatina thujae* oder einen Befall durch Thujaminiermotten handeln. In der Regel bekommen Thujen sehr selten *Phytophthora*, diese kommt eher bei Scheinzypressen vor. Allerdings zeigt sich manchmal ein oberirdischer Pilz – der Hallimasch. Dieser verursacht eine schnell voranschreitende Holzfäule. Der Hallimasch befällt meist nur geschwächte Bäume, daher sollten Sie den Standort richtig wählen und angepasst gießen und düngen. Vermeiden Sie unbedingt Staunässe. Ist Ihr Lebensbaum vom Hallimasch befallen, ist er leider nicht mehr zu retten. Roden Sie ihn mitsamt den Wurzeln, um eine Infektion der Nachbarbäume zu vermeiden.

Nerium oleander

Oleander

Oleander zählen zu den beliebtesten mediterranen Pflanzen im Garten und lassen sich mit Stecklingen ganz einfach vermehren. Die meisten Oleandersorten werden in unseren Breitengraden im Kübel gehalten und verbringen den Winter an einem hellen und gut belüfteten kühlen Ort.

Im Sommer ist die Pflege von Oleander relativ einfach. Die Pflanze ist recht anspruchslos und verwöhnt uns mit dekorativen Blüten. Im Winterquartier wird sie hingegen häufiger von Schädlingen und Krankheiten heimgesucht. Zeigen sich dunkle aufgerissene Stellen an Blütenstielen und Trieben, kann es sich um Oleanderkrebs handeln. Anfangs sehen Sie verkrüppelte Samenkapseln und/oder das Absterben von winzig kleinen Gewebestellen auf den Blättern. Gegen das Bakterium gibt es leider keine biologischen oder chemischen Mittel. Sie können nur die betroffenen Triebe herausschneiden und im Hausmüll entsorgen. Stellen Sie den Oleander auch im Winter an ein Fenster; Helligkeit ist in dieser Jahreszeit für ihn immens wichtig. Untersuchen Sie die Pflanzen darüber hinaus einmal in der Woche auf eventuelle Schädlinge wie Läuse und Spinnmilben. Besonders in einem zu warmen Winterquartier können diese auftreten. Spinnmilben verursachen auf den Blattoberseiten silbrig-gelbliche Sprenkel.

STECKBRIEF

Sonne

viel

Grauschimmel, Rußmehltau, Trockenfäule

Woll- und Schmierläuse

Besprühen Sie Oleander regelmäßig mit Wasser, so beugen Sie Spinnmilben oder Schildläusen vor. Auch Kaliseifen- oder Rapsöl-Präparate helfen.

1 Schildläuse und Spinnmilben

2 Oleanderblattlaus

Blattlausbefall verursacht Blattvergilbungen und -kräuselungen. Sie können die Läuse abstreifen oder mit einem Wasserstrahl wegspritzen. Zusätzlich helfen Neem-Präparate.

Orchidee

Orchideen sind in Deutschland fast ausschließlich als Zimmerpflanzen bekannt, es gibt sie aber auch als winterharte Sorten für den heimischen Garten. Dazu gehören etwa Japanorchidee (*Bletilla striata*), Knabenkraut (*Dactylorhiza*), Tibetorchidee (*Pleione*) oder Frauenschuh (*Cypripedium*).

Orchidaceae

Die meisten Orchideen lieben einen humusreichen, gut gelockerten und wasserdurchlässigen Boden. Der beste Schutz vor Schädlingen und Krankheiten ist eine gute Pflege. Im Sommer sollte der Boden nie ganz austrocknen, der Frauenschuh mag auch sanftes Überbrausen. Staunässe hingegen mögen Orchideen generell nicht. Zwar gefällt ihnen das Besprühen mit Wasser im Winter, aber keine nassen Füße. An Schädlingen kommen vor allem Spinnmilben, Wollläuse und Schildläuse vor. Die Gemeine Spinnmilbe zeigt sich im Garten, im Gewächshaus, aber auch in Wohnräumen. Sie lebt auf der Blattunterseite und saugt dort die Zellen aus. Sie erkennen das Schadbild an den silbrig gesprenkelten Blättern. Die Blätter rollen sich schließlich ein, welken und fallen ab. Befallene Pflanzenteile und Blätter sollten Sie entfernen und die Pflanze mit Wasser besprühen. Als Vorsorge sollten Sie für optimale Lebensbedingungen wie Standortvorlieben, Licht, Wasser und Nährstoffe sorgen. Das beugt auch Schildläusen und Blattfleckenpilzen vor.

Gerade beim Orchideenkauf sollte man die Pflanzen auf Schädlingsbefall untersuchen. Wollläuse erkennt man gut an den kleinen, wolligen Gespinsten, die an Wattebäusche erinnern.

Wollläuse erkennen

STECKBRIEF

- je nach Sorte Sonne bis Halbschatten
- regelmäßig, Staunässe vermeiden
- Schwarzfäule
- Mosaikvirus
- Thripse

Pelargonium

Pelargonie

Pelargonien, besser bekannt als Geranien, gehören zu den beliebtesten Gartenpflanzen. Sie bevorzugen einen sonnigen Standort und blühen von Mai bis Oktober. Es gibt hängende und aufrechte Wuchsformen für Balkon, Ampeln und Kübel. Auch im Beet sind sie eine schöne Zierde.

Pelargonien sollten gleichmäßig feucht gehalten werden, vertragen aber auch gelegentliche Trockenheit. Als Faustregel gilt: Lieber häufiger und wenig gießen. Wässern Sie nicht zu intensiv – das gilt besonders für junge Pflanzen – ansonsten besteht die Gefahr von Krankheiten. Achten Sie beim Gießen darauf, dass kein Wasser auf die Blätter gelangt, denn das begünstigt das Auftreten von Pelargonienrost. Befallene Blätter vertrocknen und fallen vorzeitig ab. Entfernen Sie diese und entsorgen Sie die Blätter im Hausmüll. Auch Grauschimmel wird von einem Pilz verursacht. Bei einem Befall entfernen Sie absterbende Blätter und Blüten und wirken so einer Ausbreitung entgegen. Häufig trifft man bei Pelargonien auch auf Läuse jeglicher Art. Sie werden gerne von Nützlingen wie Marienkäfern, Flor- und Schwebfliegen oder Vögeln verspeist. Bei feuchtwarmem Wetter kann es passieren, dass sich die Läuse fast explosionsartig vermehren. Spülen Sie sie mit einem kräftigen Wasserstrahl ab oder besprühen Sie sie mit Seifenlauge.

Der Pilz zeigt sich erst mit rundlich-gelben Aufhellungen auf der Blattoberseite, wenig später treten die braunen Rostpusteln auf der Blattunterseite auf.

1 Pelargonienrost

2 Grauschimmel

Grauschimmel mag feuchtwarme Bedingungen und lässt sich durch richtiges Gießen – nicht über Blätter und Pflanzenteile – meist verhindern.

STECKBRIEF

- Sonne
- regelmäßig
- Pelargonienwelke
- Cyclamenmilbe
- Staunässe vermeiden

Paeonia

Pfingstrose

Pfingstrosen begeistern mit vielen Farben und angenehmem Duft. Es gibt sie als Stauden- und Strauchpfingstrosen. Sie bevorzugen meist einen sonnigen Standort und mittelschwere, humose Lehmböden. Am wohlsten fühlen sie sich, wenn sie mehrere Jahre am selben Standort bleiben.

STECKBRIEF

- *je nach Sorte Sonne bis Halbschatten*
- *regelmäßig*
- *Grauschimmel, Pfingstrosenwelke*
- *Blattläuse*
- *Staunässe vermeiden*

1 Ameisen

Da Pfingstrosen vor dem Öffnen der Blüte Zuckersaft ausscheiden, werden die Knospen oft von Ameisen besucht. Diese schaden der Pflanze jedoch nicht.

Pfingstrosen sind anfällig für Blattfleckenkrankheiten. Entfernen Sie dann befallene Pflanzenteile und werfen Sie sie in den Hausmüll.

2 Blattfleckenkrankheiten

Damit Pfingstrosen gut gedeihen, sollte der Wurzelstock nicht zu tief unter der Erde liegen. Von Schädlingen und Krankheiten bleiben sie am richtigen Standort und bei guter Pflege weitestgehend verschont. Damit kein Grauschimmel auftritt, aollten Sie für Ihre Pfingstrosen einen sonnigen, gut durchlüfteten Platz mit genügend Abstand zu anderen Pflanzen suchen. Schneiden Sie verwelkte Blüten regelmäßig ab und düngen Sie nicht mit zu viel Stickstoff. Das beugt Pilzkrankheiten vor. Bei einem Befall schneiden Sie welke Zweige und Stängel bis ins gesunde Holz zurück. Um die Pflanzen zu stärken, empfehlen sich Schachtelhalmextrakte oder Gesteinsmehl. Sehen Sie kleine dunkle oder längliche hellbraune Flecken auf den Blättern, kann es sich um Blattfleckenkrankheiten (*Cladosporium* bzw. *Septoria*) handeln. Auch Ameisen mögen Pfingstrosen, genauer gesagt die Nektar-Ausscheidungen auf den Knospen. Spätestens nach der Blüte sind die Ameisen jedoch wieder verschwunden, ohne der Pflanze zu schaden.

Rasen

Der optimale Rasen ist grün, dicht und saftig. Damit er Kraft bekommt, sollten Sie häufiger mähen, dabei allerdings das Gras nicht zu tief schneiden. Regelmäßige Düngergaben im April/Mai, Ende Juni und im August versorgen ihn mit Nährstoffen und machen ihn resistenter gegen Krankheiten.

Auch wenn man seinem Rasen viel Zeit und Pflege widmet, breitet sich im Frühjahr häufig Moos aus. Die Ursachen dafür sind vielfältig. Liegt der Rasen im Schatten, hilft nur regelmäßiges mechanisches Entfernen (z. B. Ausrechen). Damit sich kein Rasenfilz aus Graswurzeln, Unkraut und Moos bildet, ist Vertikutieren empfehlenswert. So ziehen Sie auch gleich das Moos aus dem Rasen. Danach sollten Sie den pH-Wert des Bodens überprüfen, denn Moos wächst auch auf saurem Boden gut, Gras aber nicht. Ist das Gras dauerhaft zu feucht, faulen die Wurzeln. Das passiert oft bei verdichtetem Boden. In feuchten Jahren, vor allem im Sommer und Herbst, erscheinen manchmal unregelmäßige Flecken mit rosarotem Belag auf dem Rasen – die sogenannte Rotspitzigkeit. Die Krankheit wird von einem Pilz verursacht, nachhaltige Schäden entstehen in der Regel aber nicht. Auch bei falscher Bewässerung und mangelhafter Düngung kann die Krankheit auftreten. Bei trockenem Wetter verschwindet der Pilz meist von selbst wieder.

Schneeschimmel taucht bei anhaltend feuchtem Wetter auf. Er zeigt sich mit unschönen weiß-grauen Flecken. Hier hilft Vertikutieren und im Frühling Düngen zur Regeneration.

Schadbild von Schneeschimmel

Poales

STECKBRIEF

- Sonne bis Schatten
- regelmäßig
- Echter Mehltau
- Schnakenlarven, Trauermückenlarven

Rhododendron

STECKBRIEF

- *Halbschatten*
- *regelmäßig*
- *Echter Mehltau, Rhododendron-Zweigsterben*
- *Dickmaulrüssler, Rhododendronnetzwanze*
- *Staunässe vermeiden*

Rhododendron

Rhododendren sind farbenfrohe Gartenpflanzen, die mit ihrer verschwenderischen Blütenfülle begeistern und mit den Jahren eine beachtliche Größe erreichen. Damit sich die Pflanze optimal entwickelt, braucht sie den richtigen Standort – lichten Schatten oder Halbschatten – und gute Pflege.

Die beste Pflanzzeit ist von März bis Mitte Mai und von September bis Mitte November. Der Boden sollte sauer und kalkfrei, locker, nährstoffreich und wasserdurchlässig sein. Eingerollte Blätter an der Pflanze sind ein typisches Zeichen für Trockenheit. Gezieltes Wässern des Wurzelballens hilft. Eine dünne Schicht Rindenmulch schützt den Boden vor zu schneller Austrocknung. Benutzen Sie außerdem speziellen Rhododendrondünger, verwenden Sie zum Gießen nur Regenwasser und mulchen Sie langfristig mit Rindenhumus. Werden die Blütenknospen erst braun, dann schwarz und sterben schließlich ab, liegt das an einem Pilz. Die Knospen fallen nicht ab – Sie sollten Sie jedoch entfernen und im Hausmüll entsorgen. Überträger des Knospensterbens ist die Rhododendronzikade. Auf natürlichem Weg helfen Gelbtafeln. Hängen Sie diese von Mitte Juni bis September in die befallenen Büsche, um die Zikaden an der Eiablage zu hindern. Bei starkem Befall können Sie im Juni die Larven mit chemischen Mitteln bekämpfen.

Gelbe Blätter deuten auf Stickstoffmangel hin. Ein zusätzliches Grätenmuster weist auf Eisenmangel hin, der bei zu hohem pH-Wert des Bodens entsteht.

1 Stickstoff- und Eisenmangel

2 Rhododendronzikade

Zikaden stechen Löcher in die Blütenknospen und legen dort ihre Eier ab. So gelangen die Pilzsporen des Rhododendron-Knospensterbens in die Pflanze.

Rose

Rosa

STECKBRIEF

Sonne

regelmäßig

Grauschimmel

Rosenzikade, Rosentriebbohrer, Frostspanner, Rosengallwespe

Rosen gibt es als Wild- und Kulturformen. Wildrosenarten haben meist keine gefüllten Blüten und bilden Hagebutten. Für Bienen und Hummeln sind sie eine gute Nahrungsquelle. Kulturrosen sind das Ergebnis professioneller Kreuzung und Veredelung und in vielen unterschiedlichen Sorten erhältlich.

Rosen brauchen einen sonnigen, luftigen Standort und sollten nur am Fuß der Pflanze, nie über die Blätter gegossen werden. Sie wachsen meist im Beet, gedeihen aber auch im Kübel. Vorausgesetzt, sie bekommen einen großen Topf und ausreichend Dünger. Vermeiden Sie unbedingt Staunässe und benutzen Sie hochwertiges Substrat. Wählen Sie für Kübel und Beet nicht nur schöne, sondern vor allem robuste Sorten. So haben Sie länger Freude an Ihren Rosen. Bei der Auswahl hilft ein Blick auf das Gütesiegel ADR. Rosensorten, die dieses Siegel tragen, sind besonders widerstandsfähig gegenüber Blattkrankheiten und zeichnen sich vor allem durch Frosthärte, Blühfreude sowie weitere Qualitätskriterien aus.

Dennoch können Schädlinge und Krankheiten auftreten. Erscheinen ab April/Mai kleine schwarze Flecken auf gelben Blättern, deutet das auf Sternrußtau hin. Wählen Sie vorbeugend robuste Rosensorten und besprühen Sie im Frühling und Sommer die Pflanzen zur Stärkung mit einem Sud aus Ackerschachtelhalm. Häufig sind Rosen zudem vom Echten Mehl-

1 Echter Mehltau

Die beste Vorbeugung gegen Echten Mehltau ist ein optimaler Standort. Als gutes Hausmittel hat sich das Besprühen mit verdünnter Frischmilch (Verhältnis 1:8) bewährt.

tau befallen. Und noch ein Pilz macht Rosen oft zu schaffen: der Rostpilz. Rosenrost erkennen Sie an den weiß bis gelblichen Punkten auf den Blattoberseiten und orangefarbenen, später dunkelbraunen Sporenlagern auf den Unterseiten der Blätter. Entsorgen Sie erkrankte Blätter im Hausmüll.

Haben sich die Blätter Ihrer Rosen eingedreht, war wahrscheinlich die Rosenblattrollwespe am Werk. Da die Larven auf den Boden fallen, sich dort verpuppen und im nächsten Jahr als neue Blattrollwespen schlüpfen, sollten Sie befallene Blätter mit der Rosenschere abschneiden und im Hausmüll entsorgen. Auch die Larven der Rosenblattwespen können Sie absammeln.

Durch Abschneiden befallener Pflanzenteile entfernen Sie auch die orangerote Spinnmilbe. Spinnmilben bevorzugen trockene, warme Luft, bei Kübelpflanzen hilft häufig schon ein Verschieben der Pflanze an einen feuchteren Standort. Haben die Tierchen das Weite gesucht, kommt die Kübelrose während der Blütezeit wieder an ihren angestammten Platz unter einer überdachten Stelle. Wenige Blattläuse können Sie tolerieren, sie werden von den Nützlingen im Garten als Nahrung gebraucht. Ansonsten helfen Neemöl-Präparate oder Seifenlösung. Die Rosengallwespe kommt meist nur an Wildrosenarten vor und schadet den Pflanzen nicht.

Feuchte Bedingungen begünstigen die Ausbreitung des Pilzes. Befallene Blätter sollten Sie entfernen, auch die, die am Boden liegen. Hier überwintert der Pilz.

3 Sternrußtau

Haben sich Gespinste gebildet, handelt es sich um einen vorangeschrittenen Spinnmilbenbefall.

2 Spinnmilben

4 Rosenblattrollwespe

Eingerollte Blätter weisen auf einen Befall der Rosenblattrollwespe hin. Wenn Sie die Blätter entrollen, können Sie die kleinen Larven des Schädlings aufspüren.

Chamaecyparis

Scheinzypresse

Scheinzypressen sind besonders für Heckenbepflanzungen geeignet. Manche Sorten gedeihen auch als Kübelpflanze. Zu viel Feuchtigkeit und Staunässe mögen die Pflanzen nicht, dann besteht die Gefahr von Pilzerkrankungen. Besonders gefährlich: die *Phytophthora*-Wurzelfäule.

Frisch gesetzte Heckenpflanzen und Pflanzen an einem Standort mit Bodenverdichtung (Staunässe) sind besonders durch die Wurzelfäule gefährdet. Wenn Sie die Wurzeln seitlich anschneiden, sehen Sie rotbraune Verfärbungen. Befallene Pflanzen sind nicht zu retten. Sie sollten sie schnellstmöglich mitsamt den Wurzeln entfernen und nicht kompostieren, da der Pilz im Boden jahrelang überleben kann. Die Erde im Bereich des betroffenen Wurzelballens sollte vorsorglich ausgetauscht werden. Neben verschiedenen Pilzen, die zur Braunfärbung der Triebe führen, kann dieses auch ein Hinweis auf Miniermotten sein. Entfernen Sie die Triebe und denken Sie immer an den Rückschnitt Ihrer Hecke. Vögel sind wichtige Fraßfeinde. Auch Schädlinge wie der Borkenkäfer sind lästig. Im Garten sucht er sich meist gezielt geschwächte Gehölze aus. Abgestorbene kleine Äste können auf einen Befall hinweisen. Suchen Sie dann die Rinde nach kleinen runden Bohrlöchern ab. Schneiden Sie die Rinde an, erkennen Sie die Fraßgänge der Borkenkäferlarven.

STECKBRIEF

- Sonne bis Halbschatten
- mäßig
- Wurzelpilze, Trieb- und Zweigsterben (Kabatina)
- Staunässe vermeiden

Erkennbar ist Wurzelfäule daran, dass die Nadelschuppen fahler werden und vergilben. Danach welken die Triebspitzen und die Pflanzen vertrocknen.

1 Wurzelfäule

2 Borkenkäfer

Der nur wenige Millimeter große Käfer richtet bei massenhaftem Auftreten große Schäden an. Befallene Bäume müssen Sie ausgraben und entsorgen.

Alcea

Stockrose

Stockrosen gehören zur Familie der Malvengewächse und sind besonders in Bauerngärten beliebt. Im ersten Jahr bilden sie eine Blattrosette, ab dem zweiten Jahr blühen sie oft bis in den Oktober hinein. Besonders anfällig für Malvenrost sind Stockrosen mit gefüllten Blüten.

1 Spitzmausrüssler

Falls möglich, sammeln Sie die Käfer ab. Die Larven an den Trieben können Sie durch das Abschneiden und Vernichten der betroffenen Pflanzenteile bekämpfen.

Am Boden liegende befallene Blätter müssen aufgesammelt werden, denn der Malvenrost überwintert dort und befällt die Stockrosen im nächsten Jahr wieder.

2 Malvenrost

STECKBRIEF

Sonne

regelmäßig

Stockrosenwelke

Malven-erdfloh, Blattläuse

Anzeichen für den Malvenrost, der durch Pilze verursacht wird, sind gelbliche bis braune Flecken auf den Blättern, auf der Unterseite bilden sich gelb-orange Pusteln. Nach und nach welken die Blätter und fallen schließlich ab. Schneiden Sie befallene Blätter ab und entsorgen Sie diese im Hausmüll. Mit einem sonnigen und luftigen Standort beugen Sie vor. Besprühen Sie die Pflanzen außerdem ab April mit einem Sud aus Ackerschachtelhalm – das macht sie kräftiger und widerstandsfähiger gegen Pilzkrankheiten und Schädlinge. Finden Sie ab April an Ihren Stockrosen kleine grau-schwarze Käfer, die Löcher in die Stängel und Blätter fressen, handelt es sich wahrscheinlich um Arten aus der Käferfamilie der Spitzmausrüssler. Bei uns heimisch sind etwa das Gewöhnliche Malven-Spitzmäuschen, das Stirngruben-Malven-Spitzmäuschen und das Langrüsselige Stockrosen-Spitzmäuschen. Letzteres legt die Eier im Juni und Juli in die Blütenknospen. Auch Schnecken mögen Stockrosen und knabbern bevorzugt an den jungen Blättern.

Wacholder

Wacholder sieht als einzelne Pflanze und als Hecke dekorativ aus. Im Frühling und Herbst können Sie Wacholder in Form schneiden. Abgestorbene Teile entfernen Sie gleichzeitig. Eine Pilzkrankheit, die von bestimmten Wacholderarten übertragen wird, ist Birnengitterrost.

Nicht alle Wacholderarten sind anfällig für Wacholderblasenrost. Er gehört zur Gruppe der Rostpilze und ist besser bekannt als Erreger des Birnengitterrostes. Zu erkennen ist die Krankheit im Frühling und Sommer an den unregelmäßigen orange- bis rotfarbenen Flecken auf den Blättern des Birnbaums. An der Blattunterseite bilden sich gallertartige Wucherungen. Als Zwischenwirte für den Pilz gelten hauptsächlich aus Asien stammende Arten. Der Wacholder wird in seinem Wachstum von dem Pilz kaum gehemmt, Birnbäume werden sehr geschwächt. Vorsorge: Keine anfälligen Wacholderbüsche in die Nähe von Birnbäumen pflanzen, allerdings beträgt der Flugradius der Sporen rund 500 Meter. Eine Bekämpfung des Pilzes mit Pflanzenschutzmitteln ist nicht möglich. Färben sich Triebspitzen und kleinere Zweige an manchen Wacholderarten braun, kann das auf Wacholdertriebsterben hinweisen. Meist erscheint dieses bei länger andauerndem nassem Wetter und zu feuchten Standorten. Befallene Triebe sollten entfernt werden.

Im Sommerhalbjahr befällt der Pilz die Birnbäume, das Winterhalbjahr verbringt er auf den Wacholderpflanzen. Hier entwickelt er auffällige orangefarbene Sporenlager.

Wacholderblasenrost

Juniperus

STECKBRIEF

Sonne bis Halbschatten

mäßig

Wacholder-Deckelschildlaus, Baum- oder Rindenlaus, Wacholderminiermotte

Citrus

Zitruspflanzen

Mit Zitruspflanzen wie beispielsweise Zitronen, Orangen und Kumquats holen Sie sich mediterranes Flair auf Balkon und Terrasse. Im Sommer vertragen die Pflanzen unser heimisches Klima, im Herbst werden sie ins Winterquartier gebracht. Vor dem Einräumen erfolgt der Rückschnitt.

Nach dem Schnitt kontrollieren Sie die Pflanzen auf Krankheiten und Schädlinge. Vor allem Schnecken, Schildläuse und Spinnmilben fühlen sich auf Zitruspflanzen wohl. Werden sie nicht entfernt, richten Sie im Winterquartier viel Schaden an. Schnecken sammeln Sie einfach ab. Auch die Zitrus-Schmierlaus gehört zu den häufig auftretenden Schmier- und Wollläusen und befällt verschiedene Zitrusgewächse. In geschlossenen Räumen können Sie zur Bekämpfung Schlupfwespen einsetzen. Haben sich Spinnmilben in Ihren Zitruspflanzen eingenistet, sehen Sie das an den feinen Spinnweben zwischen den Blättern und silbrigen Aufhellungen an der Blattoberseite. Brausen Sie die betroffene Pflanze zunächst vorsichtig ab. Wichtig sind auch die Blattunterseiten. Bei kleineren Zitrusgewächsen stellen Sie die Pflanze in eine durchsichtige Plastiktüte, sprühen Sie mit einer mit Wasser gefüllten Sprühflasche mehrmals in die Tüte und binden diese oben zu. Durch die hohe Luftfeuchtigkeit sterben die Spinnmilben, der Pflanze schadet das nicht.

STECKBRIEF

- *Sonne*
- *regelmäßig (Tauchbad)*
- *Echter Mehltau, Phytophthora-Fäule*
- *Zitronenminierfliege*
- *Staunässe vermeiden*

Bei Deckelschildläusen oder Napfschildläusen helfen Schlupfwespen und Marienkäfer. Reinigen Sie die Blätter mit Kaliseife, um den Honigtau zu entfernen.

1 Schildläuse

2 Schmier- und Wollläuse

Auch hier helfen Schlupfwespen. Diese parasitieren die Läuse, sodass sie absterben. Weitere Feinde sind Marienkäfer, Erzwespen und Wanzen.

Exkurs Zimmerpflanzen

Zimmerpflanzen haben ihre ganz eigenen Ansprüche an Standort, Wasserbedarf, Substrat und Düngung. Am Anfang des Jahres ist ein guter Zeitpunkt zum Umtopfen, in hochwertiger Blumenerde wachsen sie kräftig und fühlen sich wohl. Doch was, wenn die Pflanzen kränkeln? Vor allem im Winter brauchen Zimmerpflanzen besondere Pflege, damit sie gesund bleiben.

ZIMMERPFLANZEN RICHTIG PFLEGEN

Beim Kauf von Zimmerpflanzen bekommen Sie Pflege- und Standorthinweise, nach denen Sie sich richten können. Licht ist für die meisten Pflanzen sehr wichtig, das gilt auch im Winter. Dann bekommen sie wenig Tageslicht, stehen in aufgeheizten Räumen und werden oftmals zu reichlich gegossen. Das macht sie anfällig für Krankheiten und Schädlinge. Gießen Sie in den Wintermonaten maximal einmal pro Woche mit weichem Wasser und düngen Sie nicht bis zum März. Bei zu trockener Heizungsluft tut vielen Pflanzen das Besprühen mit Wasser gut. Das hilft auch gegen Woll- und Schmierläuse, denn diese mögen keine hohe Luftfeuchtigkeit. Gegen zu viel Feuchtigkeit in der Blumenerde (Schimmelgefahr!) hilft ein Untersetzer mit Tongranulat. In diesen gießen Sie etwas Wasser und stellen die Pflanze darauf. So entsteht ein besseres Mikroklima und die Luft wird feuchter. Braune Blätter entfernen Sie am besten mit einem scharfen Messer und nicht mit der Schere. Beim Umtopfen entfernen Sie faulende oder braune Wurzeln, gesunde bleiben erhalten. So können sich kränkelnde Pflanzen wieder erholen.

SCHÄDLINGE BEI ZIMMERPFLANZEN

Vor allem in den Wintermonaten treten Schädlinge bei Zimmerpflanzen häufiger auf. Deren Vermehrung wird durch die trockene Luft und die gleichzeitig höheren Temperaturen begünstigt. Recht verbreitet sind Woll-, Schild- und Schmierläuse, Trauermücken und Thripse. Sehen Sie auf den Blättern feine, silbrig helle Stellen oder Gespinste, kann das auf Spinnmilben hindeuten. Iso-

Kleine braune Kotkügelchen und silbrig weiße Stellen auf den Blättern weisen auf Thripse hin.

1 Thripse

2 Woll- und Schmierläuse

Woll- oder Schmierläuse befallen besonders gern Orchideen oder Zitruspflanzen. Vor allem im Winter bei trockener Heizungsluft können sie sich rasant vermehren.

3 Spinnmilben

Auch Spinnmilben lieben die trockene Heizungsluft und treten deshalb im Winter vermehrt auf. Erste Anzeichen sind helle Sprenkel auf den Blattoberseiten, später entwickeln sich die typischen Gespinste.

Ob Spinnmilben oder Läuse: Erste Maßnahme sollte eine kräftige Dusche der befallenen Pflanze sein.

4 Bei Schädlingsbefall abduschen

lieren Sie die Pflanze – das gilt übrigens für alle kranken Zimmerpflanzen – und duschen Sie sie ab. Stülpen Sie zusätzlich eine durchsichtige Plastiktüte für mehrere Tage darüber. Sie erkennen einen Befall von Blatt, Schild- und Wollläusen an den klebrigen Ausscheidungen auf den Blättern. Durch Ausbringen von Nützlingen wie Florfliegen können Sie die Plagegeister bekämpfen. Vorbeugend sollten Sie bei trockener Luft die Luftfeuchtigkeit rund um die Pflanzen erhöhen und sie mit Wasser aus einer Sprühflasche besprühen. Das beugt auch trockenen Blattspitzen vor. Wenn sich beim Gießen ein Schwarm kleiner schwarzer Fliegen aus dem Topf erhebt, haben sich Trauermücken angesiedelt. Um diese zu bekämpfen, bedecken Sie die Erdoberfläche ca. 3 Millimeter dick mit Quarzsand oder Kiesel und stellen Gelbtafeln in der Nähe der befallenen Pflanzen auf.

5 Streichhölzer gegen Trauermücken

Da Trauermückenlarven keinen Schwefel vertragen, eignen sich Streichhölzer ideal zur Bekämpfung. Stecken Sie diese einfach mit dem Kopf nach unten in die Blumenerde und wechseln Sie sie regelmäßig aus. Auch indirektes Gießen über einen Untersetzer oder Übertopf hilft gegen die Mückeninvasion.

Gemüse
und Kräuter

TIPP

» Krankheits- und Schädlingsbekämpfung im Gemüsegarten sollte am besten immer biologisch und schonend erfolgen. Schließlich kommt die Ernte später auf den Esstisch und sollte so unbelastet wie möglich sein. «

Gemüse und Kräuter

Durch Ihren Gemüsegarten krabbeln schwarze Käfer? Sie finden Löcher und klebrige Beläge auf den Blättern der Pflanzen? Dann sind wohl Erdflöhe, Schnecken und Blattläuse unterwegs. Was Sie dagegen tun können und welche vorbeugenden Maßnahmen helfen, erfahren Sie in diesem Kapitel. Denn ein wichtiger Schutz vor Schädlingen und Krankheiten ist Wissen.

Pflanzenschädlinge, die sich in Ihrem Gemüsegarten wohlfühlen, ernähren sich von den Pflanzen oder nutzen diese zur Vermehrung. Dabei schädigen sie die Pflanze oder deren Blüten und Früchte. Die einen leben im Boden und nagen an den Wurzeln, die oberirdisch aktiven Schädlinge wie Läuse und Milben saugen die Pflanzensäfte aus. Andere wiederum fressen Blätter, Stängel und Blüten. Diesen Befall erkennen Sie recht schnell. Insekten wie Blattläuse sind die größte Schädlingsgruppe. Sie vermehren sich rasch und nutzen die Wirtspflanze gleichzeitig zur Eiablage. Je genauer Sie die Besonderheiten der einzelnen Schädlinge kennen, desto besser können Sie Ihre Pflanzen schützen. Pflanzen Sie Gemüse in Mischkultur, haben Sie zudem den Vorteil, dass sich die Gemüsepflanzen gegenseitig vor ihren Fressfeinden schützen.

MEHLTAU, GRAUSCHIMMEL UND ROSTPILZE

Echter Mehltau tritt vor allem bei warmer, trockener Witterung im Sommer und Herbst auf den Blattoberseiten auf. Der Falsche Mehltau liebt es feucht und kühl und befällt nur die Unterseiten der Blätter. Beide Mehltaupilze entziehen den Pflanzen Nährstoffe. Die Blätter können ganz oder teilweise absterben, bei sehr starkem Befall sogar die komplette Pflanze. Mehltau erkennen Sie an dem weißen bis grauen Pilzrasen, der die Pflanzenteile wie mit Mehl bestäubt aussehen lässt. Besonders häufig vom Echten Mehltau betroffen sind Gurken, Kürbisse, Zucchini, Erbsen und Tomaten. Der Falsche Mehltau benötigt Feuchtigkeit zur Verbreitung, daher sind neben Salaten auch häufiger Gewächshauskulturen betroffen, da hier meist eine hohe Luftfeuchtigkeit herrscht. Entfernen Sie mit Mehltau befallene Pflanzenteile sofort. Vorbeugend haben sich resistente Sorten, ausreichend Abstand, eine angemessene Düngung und Pflanzenstärkungsmittel wie Brennesselbrühe und -jauche bewährt. Grauschimmel wird ebenfalls von einem Pilz verursacht und liebt feuchtwarmes Wetter. Häufig befällt er im Gemüsegarten Salat, Gurken, Tomaten, Zucchini, Paprika, Bohnen und Kürbis. Da der Pilz zum Wachsen Feuchtigkeit benötigt, sollten Sie auf einen luftigen Standort, genügend Abstand zwischen den Pflanzen und richtiges Gießen (nicht über die Blätter!) achten. Befallene oder abgestorbene Pflanzenteile müssen

1 Kraut- und Knollenfäule

Der Pilz *Phytophthora infestans* verursacht die Kraut- und Knollenfäule und befällt insbesondere Nachtschattengewächse im Gemüsebeet. Vor allem Kartoffeln und Tomaten sind gefährdet.

Auch die Grauschimmelfäule (*Botrytis cinerea*) findet sich oft im Nutzgarten und kann zahlreichen Gemüsearten wie Gurken, Tomaten, Salat, Zucchini oder Bohnen zusetzen. Befallene Früchte sind dann nicht mehr genießbar.

2 Grauschimmel

3 Echter Mehltau

Echter Mehltau bereitet nicht nur Rosengärtnern Kopfzerbrechen, sondern ärgert auch Gemüsegärtner. Vor allem Kürbisgewächse wie Gurken, Zucchini (siehe Bild) und Kürbisse sind betroffen.

4 Vogelfreundlicher Garten

Wer seinen Garten vogelfreundlich gestaltet, kann sich über viel Hilfe bei der Schädlingsbekämpfung freuen. Gerade Larven und Raupen stehen bei Vögeln auf dem Speisezettel.

schnellstens entfernt werden. Das gilt auch bei Befall mit Rostpilzen. Seinen Namen verdankt dieser den rostroten Belägen auf den Blättern, an denen er gut zu erkennen ist. Die meisten Rostpilzarten befallen nur eine ganz bestimmte Pflanze, so etwa befällt der Rosenrost nur Rosen und der Bohnenrost nur Bohnen. Hauptsächlich sind hier Stangenbohnen betroffen. Da die Rostsporen auf den Bohnenstangen überdauern können, sind jährlich neue Schnüre zum Aufleiten der Bohnen empfehlenswert.

ERDFLÖHE, MILBEN, BLATTLÄUSE, FLIEGEN UND SCHNECKEN

Erdflöhe springen im warmen Frühjahr, vorwiegend aber im Juli und August durch die Beete und fressen kleine Löcher in Blätter. Vermeiden Sie schwere Böden und sorgen Sie für kräftige Pflanzen. Bei wenig Befall können Sie die Pflanzen mit Gesteinsmehl bestäuben, außerdem helfen Schutznetze. Diese Netze bewähren sich auch als Schutz vor Möhren-, Rettich- und Kohlfliegen. Die Weißen Fliegen hingegen können Sie im Gewächshaus mit Gelbtafeln abfangen. Auch Schlupfwespen helfen im Gewächshaus bei der Bekämpfung. Die Schädlinge sitzen übrigens vor allem auf der Unterseite der Blätter und fliegen bei der geringsten Berührung auf. Da die Fliegen sich vor allem bei trockenwarmem Klima stark vermehren, sollten Sie im Gewächshaus häufig lüften. Das hilft auch vorbeugend gegen die Gemeine Spinnmilbe, die sich als feines Gespinst auf Blättern, Blüten und Triebenden zeigt. Für den gezielten Einsatz eignen sich Raubmilben. Auch gegen Blattläuse und Schnecken können Sie sich wehren. Natürliche Feinde der Blattläuse sind Vögel, Marienkäfer, Schlupfwespen sowie die Larven von Gallmücken, Schweb- und Florfliegen. Verzichten Sie vorbeugend auf übermäßige Stickstoffdüngung. Vorhandene Läuse spritzen Sie mit einem starken Wasserstrahl ab, befallene Pflanzenteile entfernen Sie. Im Gewächshaus können Sie auch Florfliegen und Gallmilben einsetzen. Streifen Schnecken nachts durch ihren Garten, sehen Sie am Morgen angefressene, löchrige Blätter und die typischen Schleimspuren. Halten Sie den Boden stets feinkrümelig, dann finden die Schnecken keine Ritzen zur Eiablage. Tagsüber können Sie die Schnecken zwischen dichten Pflanzen, unter Steinplatten und in tiefen Bodenspalten einsammeln. Mit speziellen Schneckenzäunen können Sie Ihr Gemüse schützen. Auch Kalk, Sägespäne und Rindenmulch rund um Ihre Beete mögen Schnecken nicht. Ein Hochbeet erschwert den Schnecken den Zugang zum frischen Salat. Haben Sie einen großen Garten und einen Teich, sind Laufenten ideal. Diese stöbern die Schnecken auf, tragen sie zum Wasser und fressen sie. Alternativ lassen sich Laufenten auch ausleihen. Günstiger ist das Anpflanzen von intensiv riechenden Kräutern wie Rosmarin und Thymian zur Schneckenabwehr.

5 Gelbtafeln für die Befallskontrolle

Gelbtafeln dienen nicht nur zur aktiven Schädlingsbekämpfung, sondern können auch zur Kontrolle verwendet werden, um einen Befall frühzeitig zu diagnostizieren.

Lebendfallen für Nacktschnecken sollte man mit Haferflocken, Weißbrot oder Salat bestücken. Vom Bier sollte man die Finger lassen, da es die Kriechtiere aus einem großen Umkreis anlockt, was kontraproduktiv ist.

6 Lebendfallen für Schnecken

7 Blattlauskontrolle

Blattläuse befinden sich meist auf den Blattunterseiten, auch bei Gemüse! Deshalb beinhaltet eine sorgfältige Inspektion des Gemüsebeets auch immer einen Blick unter die Blätter.

Die Zwiebelfliege legt Anfang Mai ihre Eier am Sprossgrund von Zwiebelgewächsen wie Küchenzwiebel, Lauch oder Schnittlauch ab. Die Maden schlüpfen eine Woche später, fressen sich durch die Jungpflanzen und höhlen sie aus.

8 Larven der Zwiebelfliege

SCHÄDLINGE BEI KRÄUTERN:

Duftende Kräuter werden gern als Abwehrmittel gegen Schädlinge eingesetzt. Leider gibt es aber auch Schädlinge, die es auf die würzigen Küchenkräuter abgesehen haben. Petersilie und Dill sind oft das Ziel von Blattläusen und Möhrenfliegen, während Zwiebelfliegen gerne Schnittlauch befallen. Bei Oregano und Salbei kommen oft einmal Spinnmilben vor.

Phaseolus vulgaris

STECKBRIEF

- Sonne bis Halbschatten
- ab der Blüte viel gießen
- Bohnenrost, Grauschimmel
- Bohnenmosaikvirus
- Gemeine Spinnmilbe, Wurzelfliege

Bohne

Buschbohnen, Stangenbohnen und Dicke Bohnen sind im Hausgarten sehr beliebt. Erhältlich in verschiedenen Sorten, lassen sie sich in der Küche vielseitig verwenden. Doch auch Schädlinge lieben die Hülsenfrüchte. Vor allem die Schwarze Bohnenlaus kommt im Frühjahr und Sommer vor.

In erster Linie an Ranken, Stängeln und Blütenständen können Blattläuse auftreten. Um die Pflanzen davor zu schützen, können Sie diese sehr früh anbauen. Bohnenpflanzen vertragen bis zu –5 °C, mit der Vorkultur können Sie ab Anfang März beginnen. Tauchen dennoch Blattläuse auf, bringen Brennnesseljauche oder Algen-Präparate die Abwehrkräfte der Pflanze in Schwung. Die Blattläuse selbst duschen Sie am besten mit Wasser ab und sprühen Kräutertees (z. B. Wermut, Rainfarn). Wenn alles nichts hilft, versuchen Sie es mit Neemöl. Stark befallene Triebe kürzen Sie ein. Zur Vorbeugung die Pflanzen nicht zu eng setzen und auf den richtigen Standort achten. Vor allem düngen Sie nicht zu viel Stickstoff. Entdecken Sie dunkle bzw. kleine, durchsichtig erscheinende Flecken auf Ihren Bohnen, kann es sich um die Brennflecken- bzw. Fettfleckenkrankheit handeln. Eine Bekämpfung der Blattfleckenpilze ist schwierig, daher sollten Sie unbedingt auf vorbeugende Maßnahmen setzen. Optimaler Standort und gute Pflege gehören dazu.

Halten Sie bereits im Frühjahr Ausschau nach Blattläusen und beseitigen Sie diese. So verhindern Sie eine spätere massenhafte Ausbreitung.

1 Schwarze Bohnenblattlaus

2 Blattfleckenpilze

Um Blattfleckenpilzen vorzubeugen, sollten Sie Feuchtigkeit auf den Blättern vermeiden. Befallene Pflanzenteile und Pflanzen im Restmüll entsorgen.

Erbse

Pisum sativum

Erbsen sind gesund und schmackhaft und mit ihrer Blüte ein schöner Beetschmuck. Sie gehören zu den ältesten Kulturpflanzen, mögen einen sonnigen bis halbschattigen Standort und humusreiche, feinkrümelige Böden. Denken Sie an die Eigenunverträglichkeit und die Fruchtfolge!

Die Raupen zahlreicher Schmetterlingsarten ernähren sich von Blättern oder Früchten der Erbse. Der Erbsenwickler durchbohrt die Hülsen und frisst an den Samen. Vorbeugend empfehlen sich eine frühe Aussaat, Kulturschutznetze über Nacht und die Förderung von Nützlingen. Bei starkem Befall Schlupfwespen einsetzen. Auch die Grüne Erbsenblattlaus ist ein Ärgernis. Sie befällt auch andere Hülsenfruchtpflanzen wie Linsen und Bohnen und sitzt bevorzugt an Blättern, Trieben, Blüten und Früchten. Der klebrige Belag, den sie ausscheidet, begünstigt die Ansiedlung von Rußtaupilzen. Die Bekämpfung erfolgt ebenso wie bei anderen Blattlausarten. An zu feuchten und zu stark verdichteten Standorten können Fuß- und Welkekrankheiten auftreten. Wurzeln und Stängel verfärben sich zunächst und sterben dann ab. Vorbeugend helfen ein leichter, durchlässiger Boden, die Einhaltung von Anbaupausen und eine angepasste Düngung. Außerdem sollten Sie nur gesundes und möglichst resistentes Saatgut verwenden.

Bei einem Befall durch den Erbsenwickler wirken die Hüllen von außen bis auf das kleine Bohrloch unversehrt, innen jedoch finden sich Gespinste. Befallene Hülsen unbedingt entfernen!

Schäden durch Erbsenwickler

STECKBRIEF

- Sonne
- ab der Blüte viel gießen
- Grauschimmel, Echter und Falscher Mehltau, Erbsenrost
- Fettfleckenkrankheit
- Erbsengallmücke, Erbsenkäfer

Cucumis/ Cucurbita

Gurke/Kürbis/ Zucchini

Für Kürbisgewächse gilt: Nur geprüftes Saatgut oder Jungpflanzen zum Anbau nutzen. Vor der Zubereitung sollten Sie Gurke, Kürbis, Zucchini & Co. einem Geschmackstest unterziehen. Schmeckt das Gemüse bitter, den Bissen sofort wieder ausspucken und die Früchte nicht verwenden.

STECKBRIEF

- *Sonne*
- *regelmäßig*
- *Echter und Falscher Mehltau, Grauschimmel*
- *Eckige Blattfleckenkrankheit, Bakterielle Weichfäule*
- *Gemeine Spinnmilbe, Weiße Fliege, Minierfliege*

Das Gurkenmosaikvirus kann neben Gurken auch Kürbisse und Zucchini befallen. Das Schadbild zeigt sich abhängig von der Kultur, der Sorte und dem Virusstamm recht unterschiedlich. Befallene Früchte sollten Sie nicht mehr verzehren. Eine andere häufige Krankheit – die Welkekrankheit – wird durch Pilze ausgelöst. Da die Sporen im Boden überdauern, können sich die Pilze sehr hartnäckig festsetzen. Zwar passiert das häufig im Gewächshaus, aber auch an Freilandgurken, Zucchini und Kürbissen können die Pilze auftreten. Vorbeugen ist hier empfehlenswert: Veredelte Gurkenpflanzen sind recht widerstandsfähig, ebenso als resistent oder tolerant ausgewiesene Sorten. Entdecken Sie Gurkenblattläuse an Ihren Gewächshausgurken, können Sie auf viele fleißige Nützlinge zählen: Zur Bekämpfung eignen sich vor allem Blattlausschlupfwespen, Gallmücken- und Florfliegenlarven.

Bei Gurken verursacht das Mosaikvirus meist hellgrüne Kreise und Flecken auf der Schale. Blätter zeigen häufig eine deutlich mosaikartige Blattaufhellung.

1 Gurkenmosaikvirus

2 Gurkenblattläuse

Mosaikviren werden durch Blattläuse übertragen. Deshalb ist die vorbeugende Bekämpfung dieser Schädlinge besonders wichtig.

Kartoffel

Kartoffeln lassen sich nicht nur gut im eigenen Garten anbauen, sondern auch problemlos im Eimer auf dem Balkon ziehen. Feuchtes Klima, hohe Temperaturen und Staunässe sind Hauptursachen für die Entwicklung von Pilzkrankheiten. Schädling Nummer eins ist der Kartoffelkäfer.

Die häufigste Krankheit bei Kartoffeln ist die Kraut- und Knollenfäule. Der Pilz verursacht an den Blättern gelblich-grüne Flecken, die sich mit der Zeit dunkel verfärben. Auf der Blattunterseite ist bei Nässe ein grauweißer Pilzrasen zu sehen. Erreicht der Pilz die Knolle, entstehen graue, eingefallene Stellen. Kranke Pflanzen sollten sofort entfernt werden, um eine Epidemie zu verhindern. Eine weitere Pilzinfektion ist die Dürrfleckenkrankheit. Auf den Blättern bilden sich braune, runde Flecken mit konzentrischen Ringen.

Vorbeugend helfen bei beiden Krankheiten gute Pflege, hochwertiges Saatgut und resistente Sorten.

Weiteren Ärger beim Kartoffelanbau verursacht der auffällig gestreifte Kartoffelkäfer. Die rotbraunen Larven wie auch die ausgewachsenen Tiere können durch Kahlfraß ganze Bestände vernichten. Sie müssen per Hand abgesammelt werden. Sind auf Blattunterseiten orangefarbene Gelege zu finden, sollten die Blätter ebenfalls entfernt werden.

Eine regelmäßige Kontrolle der Blätter ist wichtig, um die Kraut- und Knollenfäule frühzeitig zu erkennen. Dann ist schnelles Handeln angesagt.

1 Kraut- und Knollenfäule

2 Kartoffelkäfer

Kartoffelkäfer bekämpft man, indem man Gelege, Larven und Käfer per Hand entfernt. Als Hausmittel soll Kaffeesatz gegen den Schädling helfen.

Solanum tuberosum

STECKBRIEF

- Sonne
- mittel
- Dürrfleckenkrankheit, Kartoffelkrebs
- Kartoffelschorf, Schwarzbeinigkeit
- Drahtwürmer, Blattläuse

Brassica

Kohlarten

Ob Rot-, Weiß-, oder Grünkohl, Blumen- oder Rosenkohl: Kohl zählt zu den beliebtesten Gemüsesorten. Er punktet mit gesunden Inhaltsstoffen und ist kalorienarm. Im Garten lassen sich verschiedene Kohlsorten gut anbauen und bei reichlicher Ernte sogar einfrieren. Steckrüben gehören übrigens auch zur Gattung Kohl.

STECKBRIEF

Sonne

regelmäßig

Echter und Falscher Mehltau, Umfallkrankheit

Mosaikviren, Blattfleckenkrankheiten

Kohlmottenschildlaus (Weiße Fliege), Kohlerdflöhe, Kohlrübenblattwespe, Kohlmotte

1 Adernschwärze

Adernschwärze, ausgelöst vom Bakterium *Xanthomonas*, befällt die meisten Kreuzblütler. Insbesondere Blumenkohl und Romanesco sind gefährdet.

Der Erreger der Kohlhernie fühlt sich vor allem in feuchtwarmem Milieu wohl und verbreitet sich in Böden mit niedrigem pH-Wert besonders schnell.

2 Kohlhernie

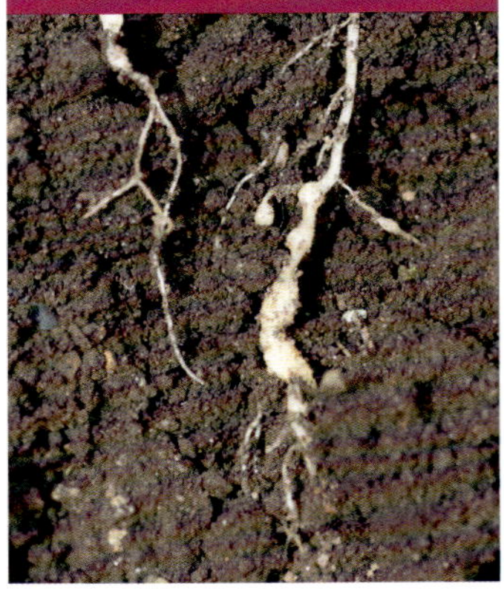

Alle Kohlarten brauchen einen sonnigen, tiefgründigen und nährstoffreichen Standort. Da Kohl zu den Starkzehrern gehört, braucht er genügend Nährstoffe und Feuchtigkeit. Gute Nachbarn sind etwa Kartoffeln und Dill, Bohnen und Erbsen sowie Spinat, Gurken und Lauch. Beachten Sie unbedingt die Fruchtfolge, um Krankheiten wie der Kohlhernie und Schädlingen vorzubeugen. Wollen Kohlpflanzen nicht mehr richtig wachsen, verfärben sich die Blätter blaugrün und beginnen die Pflanzen zu welken, kann dies auf die gefürchtete Kohlhernie hinweisen. Die Pilzkrankheit befällt die Wurzeln, die dann nicht mehr in der Lage sind, genügend Feuchtigkeit aus dem Boden aufzunehmen. Haben Sie diesen Verdacht, ziehen Sie eine Pflanze heraus und schauen Sie sich die Wurzeln an. Einzelne Wurzeln bzw. der ganze Wurzelbereich sind bei dieser

Krankheit verdickt und wirken knollig. Befallene Pflanzen müssen Sie im Restmüll entsorgen, da sich die Sporen auf dem Kompost verbreiten. Direkt bekämpfen kann man die Krankheit nicht.

Gleiches gilt auch für die Kohlschwärze, einen Blattfleckenpilz. Auch hier sollten Sie auf vorbeugende Maßnahmen wie optimalen Standort und gute Pflege setzen. Eine Krankheit, die vor allem bei Pflanzen der Kreuzblütlerfamilie auftritt, ist die Adernschwärze. Sie wird durch ein Bakterium hervorgerufen und zeigt sich mit den typischen v-förmigen Symptomen am Blattrand. Die älteren Umblätter werden ganz oder teilweise gelb. Die Infektionswege erfolgen über das Saatgut oder den Boden. Direkt bekämpfen lässt sich die Bakterienkrankheit nicht.

Auch tierische Schädlinge wie der Kohlweißling und die Kohlfliege befallen Kohlpflanzen. Hier können Sie aber vorbeugen: Breiten Sie engmaschige Kulturschutznetze über die frisch gesetzten Kohlpflanzen aus. Um die Kohlkulturen vor der Kleinen Kohlfliege zu schützen, säen Sie Kohlgewächse möglichst vor oder nach der Hauptflugzeit aus – im März oder ab Juni. Auch die Mehlige Kohlblattlaus saugt gerne an Kohlarten. Sie taucht vor allem in warmen, trockenen Sommern auf. Kontrollieren Sie Ihre Pflanzen regelmäßig auf einen beginnenden Befall, damit Sie sofort handeln können.

Schlupfwespen können bei der Bekämpfung der Mehligen Kohlblattlaus eingesetzt werden.

3 Mehlige Kohlblattlaus

So hübsch der Kohlweißling als Schmetterling auch ist, seine Raupen (hier der Große Kohlweißling) sind echte Vielfraße. Vor allem Kohlpflanzen leiden unter dem verheerenden Lochfraß der Raupen, die sich auch gern bis ins Herz des Kohlkopfs bohren.

4 Großer und Kleiner Kohlweißling

Herbis

STECKBRIEF

Sonne bis Halbschatten

regelmäßig

Stängelfleckenkrankheit, Rostpilze

Erdflöhe, Blattläuse, Thripse

Kräuter

Ob im Beet, im Kübel oder in einer Kräuterspirale – ein kleiner Kräutergarten findet überall Platz. Salbei, Thymian, Rosmarin und andere Küchen- und Heilkräuter wachsen problemlos auch auf dem Balkon. Viele mehrjährige Kräuter lassen sich einfach durch Stecklinge vermehren.

Die Aussaat im Freiland beginnt für die meisten Kräuter frühestens im April. Auch ein Balkon mit südlicher Ausrichtung ist ideal für Kräuter, Kräutertöpfe am Fenster sind ebenfalls möglich. Kleine Mini-Gewächshäuser eignen sich hervorragend, um Kräuter auf der Fensterbank vorzuziehen. In der Regel sind Kräuter sehr robust und tolerieren Temperaturschwankungen recht gut. Frostempfindliche Kräuter wie Basilikum und Zitronenverbene sollten bei Frostgefahr unbedingt ins Haus. Denken Sie dann an die notwendige Luftfeuchtigkeit, lassen Sie den Ballen nicht austrocknen und untersuchen Sie die Kräuter regelmäßig auf Schädlinge. Doch auch im Freien bleiben Kräuter nicht von Krankheiten und Schädlingen verschont. Zeigt sich ein mehliger weißer Belag auf Blättern und Blüten, kann es sich um Echten Mehltau handeln. Befallene Pflanzenteile entfernen Sie. Anschließend empfiehlt sich eine Behandlung mit Frischmilch und Wasser im Verhältnis 1:8. Alle paar Tage die Pflanzen mit dem Gemisch besprühen. Auch kleine Insekten erfreuen sich an Ihren Kräutern. Vor allem die springfreudigen Zikaden saugen gerne an den Blättern und hinterlassen dabei weißlich gelbe Sprenkel.

Bei Mehltaubefall hilft das Besprühen mit verdünnter Milch. Die in der Milch enthaltenen Mikroorganismen bekämpfen den Pilz natürlich und effektiv.

1 Echter Mehltau

2 Zikaden

Sind nur einige Zikaden an Ihren Kräutern, können Sie diese dulden. Ansonsten helfen Gelbtafeln.

Daucus carota subsp. sativus

STECKBRIEF

Sonne

regelmäßig

Grauschimmel, Echter Mehltau, Schwarz- und Weißfäule, Violetter Wurzeltöter

Mehlige Möhrenblattlaus, Möhrenfliege, Möhrengallmücke

Möhre

Möhren lieben tiefgründige, humusreiche Böden in sonniger Lage. Sie lassen sich auch wunderbar im Hochbeet und auf dem Balkon im Kasten anbauen. Achten Sie beim Kauf von Saatgut auf die Anbaubedingungen und auf Hinweise, wie anfällig das Gemüse für bestimmte Krankheiten und Schädlinge ist.

Wie viele Gemüsesorten sind auch Möhren bei Blattflöhen beliebt. Die Pflanzenläuse treten von Frühjahr bis Herbst auf und saugen auf der Ober- oder Unterseite von Blättern, auf Knospen und jungen Trieben. Die Tiere scheiden klebrigen Honigtau aus. Das zuckerhaltige Sekret zieht Ameisen an und ist Nährboden für Rußtaupilze. Stellen Sie bei feuchtem Wetter dunkle Stellen auf den Fiederblättchen der Möhren fest, kann das auf Möhrenschwärze hindeuten. Diese Blattfleckenkrankheit tritt vor allem im Spätsommer und Herbst auf und wird durch einen Pilz hervorgerufen. Befallene Pflanzenteile sollten Sie entsorgen. Vorbeugend hilft ein Fruchtwechsel, ebenso genügend Abstand zwischen den Reihen. Der Fruchtwechsel hilft auch gegen die Wurzelgallennematode, die im Boden als Ei oder Larve und in Pflanzenresten überwintert. Steigen die Temperaturen über 10 °C, werden die Larven aktiv und schädigen die Wurzeln.

Zu den natürlichen Feinden der Blattflöhe zählen Marienkäfer, Spinnen, Gallmücken und Schlupfwespen. Zur Vorbeugung sollten Sie diese Nützlinge fördern.

1 Möhrenblattfloh

2 Wurzelgallennematoden

Von Nematoden befallene Möhren zeigen auffällige Deformationen, an den Wurzeln sind deutliche Verdickungen zu erkennen.

Radieschen/ Rettich

Radieschen und Rettich enthalten viele gesunde Inhaltsstoffe. Rettich wird nach Anbauart und Jahreszeiten unterteilt, Radieschen können schon nach 3–6 Wochen geerntet werden.

Die kleinen Radieschen schmecken in der Regel milder als der große Rettich. Das frische Grün von Radieschen sollten Sie mitverwenden, hier sitzen viele wertvolle Vitamine und Mineralien. Rettich liebt lockeren, tiefgründigen, humosen Boden, Radieschen sind etwas anspruchsloser. Sie können auch auf dem Balkon erfolgreich gezogen werden.

Beide Wurzelgemüse mögen einen belüfteten Boden, deshalb sollten Sie regelmäßig harken. Das schützt auch vor Pilzkrankheiten und einem Befall durch Erdflöhe. Die kleinen Blattkäfer legen ihre Eier ab Mai in den Boden oder auf die Unterseite der Blätter. Nach wenigen Wochen verpuppen sich die Larven im Boden, ab Juli schlüpfen dann die jungen Käfer. Trockenheit und häufige Wechsel zwischen Nass und Trocken mag der Rettich übrigens gar nicht, dann wird sein Fleisch holzig. Bei zu viel Nässe platzt es, außerdem kann die Rettichschwärze auftreten – erkennbar an schwarzen Flecken im Fruchtfleisch oder an der äußeren Schale.

Erdflöhe mögen am liebsten die jungen Blätter. Erkennen können Sie einen Befall an rundlichen, siebartigen Blattlöchern. Wehren Sie sich mit Vliesen und Kulturschutznetzen.

Befall durch Erdflöhe

Raphanus

STECKBRIEF

Sonne

regelmäßig

Rettichschwärze, Falscher Mehltau, Weißer Rost, Kohlhernie

Rettichfliege, Blattläuse, Kohlfliege

Staunässe vermeiden

Beta vulgaris/ Spinacia oleracea

Rote Bete/ Mangold/Spinat

Rote Bete, Mangold und Spinat bevorzugen einen sonnigen Standort, gedeihen aber auch noch im Halbschatten. Der Boden sollte öfter gehackt werden, damit er gut durchlüftet. Dazu immer regelmäßig gießen und Staunässe vermeiden. Rübenfliegen und Drahtwürmer gehören zu den häufigsten Schädlingen.

STECKBRIEF

- *Sonne bis Halbschatten*
- *regelmäßig*
- *Cercospora-Blattfleckenkrankheit, Ramularia-Blattfleckenkrankheit, Kohlhernie, Falscher Mehltau*
- *Rübenfliege*
- *Staunässe vermeiden*

1 Drahtwürmer

Drahtwürmer befallen nicht nur Rote Bete, Mangold und Spinat. Auch Salat, Kohl, Kartoffeln, Rüben und Möhren stehen auf ihrem Speisezettel.

Pro Jahr gibt es drei Generationen der Rübenfliege; die 1. Mitte April bis Mai, die 2. Ende Juni bis Mitte Juli und die 3. Mitte August bis Mitte September.

2 Rübenfliege

Auch bei diesen Gemüsearten gilt: Mischkulturen aus verschiedenen Gemüsen und Kräutern erschweren, dass sich auf bestimmte Pflanzen spezialisierte Schädlinge ausbreiten. Gute Partner für Rote Bete sind beispielsweise Kopfsalat und Zwiebeln. Auch Pflanzenauszüge in Form von Brühen, Tees und Jauchen haben sich als vorbeugende Maßnahmen gegen Krankheiten und Schädlinge bewährt. Rüben, Spinat und Mangold werden gerne von der Rübenfliege befallen. Die Larven verursachen einen Minierfraß in den Blättern. Mit Kulturschutznetzen können Sie Ihre Gemüsepflanzen schützen. Ein weiterer Schädling ist der Drahtwurm, der eigentlich kein Wurm, sondern ein Käfer ist. In naturnahen Gärten gibt es genügend natürliche Feinde wie Laufkäfer, Spitzmäuse, Igel und Vögel. Kalkreiche Böden meiden die Schädlinge; Ringelblumen und Studentenblumen als Randbepflanzung oder auch mitten zwischen den Nutzpflanzen mögen sie ebenfalls nicht.

Salat

Salate eignen sich hervorragend für den Anbau im Garten und im Hochbeet. Selbst auf dem Balkon wachsen verschiedenste Salate heran. Wer die gesunde Kost liebt, kann sich viele Monate im Jahr an Blattsalat, Eichblattsalat, Lollo rosso, Eissalat und vielen anderen gütlich tun.

Salate können Sie mehrmals im Jahr ganz einfach nachsäen und bis in den Spätherbst hinein ernten. Doch auch Schädlinge laben sich gerne an frischen Salatblättern. Dazu gehören natürlich vor allem die gefürchteten Nacktschnecken. Kaum haben Sie den Salat gepflanzt, ist er in kürzester Zeit abgefressen – das ist typisch für das zerstörerische Werk von Schnecken. Gerade bei feuchter Witterung sind sie sehr aktiv. Pflanzen Sie zur Vorbeugung den Salat in Hochbeete: So haben es Schnecken zumindest etwas schwerer. Um die Salatpflanzen können Sie außerdem Sägespäne oder Kaffeesatz ausbringen, das mögen Nacktschnecken nicht. Doch auch vor Krankheiten sind Salate nicht gefeit. Wenn Salatköpfe welken und faulig aussehen, kann es sich um die Schwarzfäule handeln. Salatfäulen werden durch verschiedene Pilze verursacht und treten vor allem bei feuchtwarmer Witterung auf. Sehr selten sind Bakterien verantwortlich. Setzen Sie nur gesunde, kräftige Pflanzen und halten Sie ausreichend Abstand zwischen den einzelnen Salatjungpflanzen. Bei ersten Krankheitsanzeichen Pflanzen sofort entfernen.

Lactuca sativa var.

STECKBRIEF

Sonne bis Halbschatten

regelmäßig

Falscher Mehltau, Grauschimmel

Blattläuse, Salat-Wurzellaus

Schauen Sie im Herbst bereits nach Schneckengelegen mit Eiern. Bevorzugte Verstecke sind unter Pflanzkübeln, unter Regentonnen oder in Erdlöchern.

1 Schneckenbefall

2 Salatfäule

Bei Salatfäule steckt meist der Pilz *Botrytis* dahinter. Genügend Pflanzabstand, vorsichtiges Gießen am Morgen und kalkhaltiger Boden beugen vor.

Spargel

Ein eigenes Spargelbeet im Garten anzulegen, macht zunächst etwas Arbeit, dafür können Sie dann aber auch gut zehn Jahre ernten. Im Mai ist die richtige Zeit zum Pflanzen. Pro Person rechnen Sie mit etwa 10–20 Pflanzen. Bis zur ersten Ernte dauert es allerdings noch 3 Jahre.

Damit das Spargelbeet viel Licht und Wärme bekommt, legen Sie es am besten in Nord-Süd-Richtung an. Regelmäßiges Hacken hält das Beet unkrautfrei. Auch Schädlinge werden von Ihrem Spargelbeet begeistert sein. Schneiden Sie im Herbst das Spargelkraut ab und entsorgen Sie es in der Biotonne – nicht auf dem Kompost! Hat sich nämlich die Spargelfliege in dem Grün versteckt, könnte diese sich sonst weiterverbreiten. Ein weiterer Schädling ist das Gemeine Spargelhähnchen. Sein natürlicher Gegenspieler ist die Schlupfwespe. Im Mai kann eine Krankheit die Spargelbeete befallen – der Spargelrost. Die Rostpilze zeigen sich mit rostroten Belägen, daher der Name. Im weiteren Verlauf vertrocknen Triebe und Blätter und sterben vorzeitig ab. Der Pilz überwintert auf erkrankten Pflanzenresten im Boden, deshalb müssen befallene und kranke Pflanzen sofort entfernt werden. Vorbeugend empfiehlt sich ein ausreichender Abstand zwischen den einzelnen Pflanzen, sodass die Blätter immer gut belüftet sind und abtrocknen können.

Das Spargelhähnchen ist ein Käfer aus der Familie der Blattkäfer. Es frisst sich durch die oberirdischen Jungpflanzen und später durch das Spargelkraut.

Spargelhähnchen

Asparagus

STECKBRIEF

- *Sonne*
- *regelmäßig*
- *Phytophthora-Fäule, Wurzelfäule, Grauschimmel*
- *Spargelkäfer, Spargelfliege*
- *Staunässe vermeiden*

Solanum/ Capsicum

STECKBRIEF

Sonne

regelmäßig

Echter Mehltau, Grauschimmel

Weiße Fliege, Spinnmilben

Staunässe vermeiden

Tomate/Paprika/ Aubergine

Tomaten, Paprika und Auberginen eignen sich wunderbar für die gesunde mediterrane Küche. Kein Wunder, dass sie in unseren heimischen Gärten so beliebt sind. Sie gehören zur Familie der Nachtschattengewächse und mögen als wärmeliebende Gewächse sonnige, windgeschützte Standorte.

1 Gemüseeule

Die Raupen der Gemüseeule knabbern bevorzugt an Tomaten und Paprika, aber auch an Salat, Erbsen und Kohl. Ab Mai sollte man nach den grünen Eigelegen Ausschau halten.

Schwache Tomatenpflanzen werden oft von grünen und schwarzen Blattläusen befallen. Brennnesselsud und Seifenlauge helfen dann bei der Bekämpfung.

2 Blattläuse

Wenn sich die klimatischen Bedingungen nicht für einen Anbau im Garten oder auf dem Balkon eignen, können Tomaten, Paprika und Auberginen auch im Gewächshaus gezogen werden. Leider fühlen sich in dieser geschützten Umgebung auch allerlei Schädlinge wohl. Blattläuse, kleine Fliegen und Spinnmilben sind nur einige der ungebetenen Gäste. Auch die Gemüseeule, ein kleiner Nachtfalter, hat eine Vorliebe für reife Früchte. Im Gewächshaus kann man Pheromonfallen aufstellen, auch Raubwanzen und Präparate auf Neemöl-Basis helfen. Im Freiland sind Kulturschutznetze hilfreich. Tomatenrostmilben können im Gewächshaus ebenfalls zum Problem werden, hier können Sie ab Anfang März vorbeugend Raubwanzen ausbringen. Gelbtafeln helfen gegen Weiße Fliegen, Thripse und die eher seltene Tomatenminiermotte.

Auch Bakterien, Viren und Schimmelpilze können Ihren Pflanzen erheblich schaden. Tomaten beispielsweise sind anfällig für die Kraut- und Braunfäule. Die ersten Anzeichen sind grün-braune unregelmäßige Flecken auf älteren Blättern und Früchten. Ideale Bedingungen zur Verbreitung sind warme Temperaturen und Feuchtigkeit. Das heißt, die Luftfeuchtigkeit muss über 90 Prozent liegen oder die Stängel, Blätter und Früchte sind nass. Genau das machen Sie sich bei der Vorbeugung zunutze! Sorgen Sie dafür, dass Ihre Tomatenpflanzen immer trocken stehen. Lüften Sie im Gewächshaus ausreichend und stellen Sie die Tomatenpflanzen im Freiland an einen warmen, regengeschützten Platz, am besten mit einer Überdachung. Gießen Sie niemals über die Blätter, sondern immer nur den Boden um die Pflanzen herum. Und reinigen Sie nach jeder Saison die Pflanzstäbe – das schützt beispielsweise auch vor der Dürrfleckenkrankheit, die ebenfalls von einem wärme- und feuchteliebenden Pilz verursacht wird. Er befällt auch Kartoffeln, deshalb Tomaten und Kartoffeln nie in unmittelbarer Nachbarschaft pflanzen. Wichtige Schutzmaßnahme bei Gemüse: Achten Sie bereits beim Kauf auf widerstandsfähige und resistente Sorten. Damit haben Sie bereits den Grundstein für eine reiche Ernte gelegt.

Hat die Kraut- und Braunfäule eine Pflanze befallen, breitet sie sich rasch aus und greift auf andere Pflanzen über.

4 Kraut- und Braunfäule

Das Mosaikvirus zeigt bei Auberginenblättern das klassische gemusterte Schadbild.

3 Mosaikvirus bei Auberginen

5 Tabakmosaikvirus

Das Tabakmosaikvirus befällt auch Paprikapflanzen und äußert sich neben hellen Musterungen auf den Blättern durch eingesunkene braune Flecken auf den Früchten.

Alliaceae

Zwiebelgemüse

Zwiebelgemüse umfasst eine Pflanzenfamilie, die sehr umfangreich in Formen und Sorten ist. Zu den Zwiebelgemüsen gehören Küchenzwiebel, Schalotten, Knoblauch, Winterzwiebeln, Lauch und Schnittlauch. Alle Mitglieder der Zwiebelfamilie sind vielseitig in der Küche verwendbar.

Die Lauchminierfliege überwintert als Puppe in bodennahen Pflanzenteilen. Ab Anfang April schlüpfen die kleinen Fliegen und legen ihre Eier ab. Nach einer Sommerpause schlüpft die zweite Generation ab August/September. Ab Juni ist mit dem Flug der Lauchmotte zu rechnen. Neben Schädlingen können Zwiebelgemüse auch von Pilzen befallen werden. Sehen Sie beispielsweise an Ihrem Lauch oder Schnittlauch kleine längliche Flecke mit orangefarbenen Sporen, kann das auf einem Befall mit Rostpilzen hindeuten. Bei feuchtkühlem Wetter ist die Zeit des Falschen Mehltaus. Die gräulichen Pilze bilden auf der Unterseite der Blätter dichte Rasen. Entdecken Sie gelbe Blattflecken, sollten Sie sofort die Unterseite der Blätter – notfalls mit einer Lupe – kontrollieren. Da sich der Pilz rasch ausbreitet, müssen Sie befallene Blätter und Pflanzenteile sofort entfernen. Wählen Sie mehltauresistente Sorten, halten Sie ausreichenden Pflanzabstand ein, gießen Sie nicht über die Blätter und lüften Sie im Gewächshaus ausreichend.

STECKBRIEF

- Sonne
- gering bis mittel
- Purpurfleckenkrankheit, Papierfleckenkrankheit
- Gelbstreifigkeit
- Zwiebelfliege, Zwiebelthripse, Drahtwürmer, Zwiebelminierfliege

Gegen Schädlinge wie Lauchmotte und Lauchminierfliege breiten Sie direkt nach der Pflanzung feinmaschige Kulturschutznetze über die Pflanzen aus.

1 Puppe der Lauchmotte

2 Lauchrost

Zur Vorbeugung bei Rostpilzen: Vor der Neupflanzung Pflanzen und Pflanzenreste aus dem Vorjahr vollständig entfernen. Befallene Blätter entsorgen.

Obst und Beeren

Obst und Beeren

Nicht selten kommt es vor, dass kleine Insekten und Mikroorganismen die Freude am Obstanbau gründlich verderben. Doch dagegen können Sie es etwas tun! Hier erfahren Sie, wie Sie Ihre Obstgehölze vor Schädlingen und Krankheiten schützen und welche vorbeugenden Maßnahmen helfen. Denn auch gegen Obstmaden, Blattläuse & Co. gibt es Schutz.

TIPP

» Um dem meldepflichtigen Feuerbrand schon von Beginn an keine Chance zu geben, sollten Sie resistente Apfel- und Birnensorten für Ihren Garten wählen.«

Damit Sie bei Problemen sofort eingreifen können, sollten Sie Ihre Obstbäume genau beobachten. Entdecken Sie bei Ihrem Rundgang Fraßstellen oder einen weißen Belag auf den Blättern, handeln Sie rasch und minimieren Sie so weitergehende Schäden. Fördern Sie zudem Nützlinge in Ihrem Garten wie Marienkäfer, Flor- und Schwebefliegen, Ohrwürmer, Raubwanzen und Schlupfwespen und hängen Sie Nisthilfen auf. Achten Sie außerdem auf resistente Sorten, einen passenden Standort und eine ausgewogene Düngung. Zusätzlich bieten Schnittmaßnahmen beste Voraussetzungen für eine gesunde Entwicklung Ihrer Obstbäume.

OBSTMADEN UND GALLMILBEN

Obstmaden ernähren sich im Inneren der Früchte und verlassen sie dann zum Verpuppen. Untersuchen Sie im Winter sowie im Frühjahr Ihre Obstbaumstämme auf verpuppte Larven. Ein regelmäßiges Schütteln der Bäume und das anschließende gründliche Aufsammeln reduziert die Population deutlich. Entfernen Sie befallenes Obst und fangen Sie die Maden ab Mitte Juni mit Wellpappe-Fanggürteln.

Gallmilben saugen an jungen Blättern und hinterlassen pockenartige Flecken. Entfernen Sie befallene Blätter im Frühjahr. Sehen Sie bei Johannis- und Stachelbeeren vergrößerte Knospen, kann das auf Johannisbeer-Gallmilben hinweisen. Sie überwintern in den Knospen, die dann nicht mehr austreiben, und besiedeln im Frühjahr von dort aus die Blätter. Damit sich die lästigen Schädlinge nicht verbreiten, entfernen Sie am besten die Knospen und entsorgen sie im Restmüll. Zusätzlich hilft ein Rückschnitt der Ranken im Winter.

BLATTLÄUSE

Sie saugen mit Vorliebe an jungen Blättern und Trieben. Auf dem klebrigen Honigtau, den die Läuse ausscheiden, kann sich schwarzer Rußtau bilden. Einige Blattläuse bevorzugen bestimmte Pflanzen, andere saugen an verschiedenen Obstarten. Vorbeugend sollten Sie Nützlinge fördern und auf übermäßige Stickstoffdüngung verzichten. Blattläuse lassen sich mit einem kräftigen Wasserstrahl abspritzen, stark befallene Pflanzenteile werden im Ganzen entfernt. Angesetzte Brennnessel- oder Farnkrautbrühe sind ebenfalls hilfreich.

Wenn Gallmilben an den Blättern saugen, entstehen die typischen Pocken, weshalb die winzigen Spinnentiere auch Pockenmilben genannt werden. Im Obstgarten befallen sie u.a. Brombeeren, Wein (siehe Bild) und Zwetschgen.

1 Gallmilben

2 Obstmaden

Zwischen Mai und Juni legt der Apfelwickler, ein Nachtfalter, sein Gelege auf die jungen Früchte von Apfel oder Birne. Entfernt man die Eier nicht, bohren sich die Larven später ins Fruchtinnere.

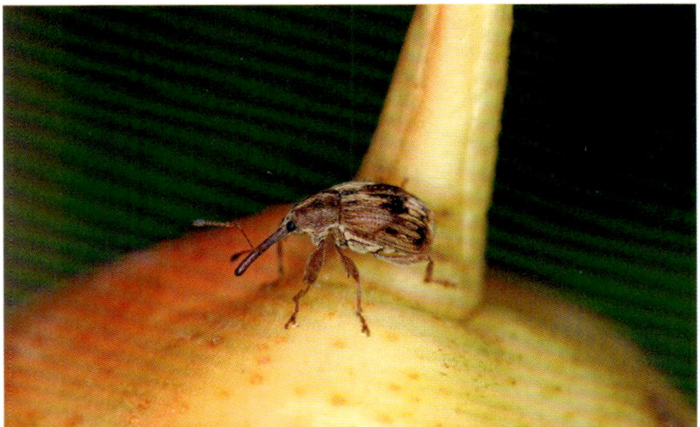

3 Apfelblütenstecher

Der Apfelblütenstecher gehört zu den Rüsselkäfern und legt im Frühjahr, wenn die Apfel-, Birnen- und Quittenknospen zu schwellen beginnen, seine Eier direkt in diese ab. Die Larven ernähren sich dann vom Bluteninneren.

APFELBLÜTENSTECHER BEKÄMPFEN

Zeigen die anschwellenden Apfel-, Birnen- und Quittenblüten ab März kleine Löcher, beginnt der Apfelblütenstecher gerade mit seinem sogenannten Reifungsfraß, welcher mit der Paarung einhergeht. Der ideale Zeitpunkt also, um den Rüsselkäfer per Hand abzusammeln, um damit die Paarung und Eiablage zu verhindern.

FROSTSPANNER

Die gefräßigen Raupen des Frostspanners ernähren sich von den Blättern der Obstbäume und machen auch vor Blüten und jungen Früchten nicht halt. Der Kleine Frostspanner tritt von Oktober bis Dezember auf, seine Raupen von April bis Juni. Seltener finden Sie die Raupen des Großen Frostspanners an Obstbäumen. Auch er frisst bevorzugt an Blättern, Knospen und Früchten. Die Raupen sind für Vögel im Frühjahr eine wichtige Nahrungsquelle, daher sollten Sie Nistkästen aufhängen. Um die Eiablage zu verhindern, bringen Sie ab Oktober um den Stamm der Bäume eng anliegende Leimringe an und belassen diese bis März.

MINIERFLIEGEN UND WESPEN

Die Larven der kleinen Minierfliegen fressen sich durch die Blätter der Obstbäume und hinterlassen dabei ihren dunklen Kot in den charakteristischen schlangenförmigen Minengängen. Früchte werden nicht befallen. Eine Bekämpfung ist selten erforderlich, befallene Blätter können Sie entfernen. Wespen haben einen schlechten Ruf, allerdings sind es nur die Gemeine Wespe und die Deutsche Wespe, die sich an Ihrem Obst gütlich tun. Ernten Sie deshalb reifes Obst rechtzeitig ab bzw. sammeln Sie es auf.

SCHROTSCHUSSKRANKHEIT, ECHTER MEHLTAU UND SCHORF

Setzen Sie hier auf vorbeugende Maßnahmen wie ein pflanzengerechter Standort und gute Pflege. Befallene Pflanzenteile sollten Sie rasch entfernen und sicherheitshalber im Restmüll entsorgen. Vermeiden Sie Feuchtigkeit und Nässe auf den Pflanzen und kontrollieren Sie die Obstbäume regelmäßig auf Krankheiten. Erkennbar ist die Schrotschusskrankheit an den Löchern und braunen Flecken auf den Blättern. Der Echte Mehltau tritt vor allem bei warmem trockenem Wetter im Sommer und Herbst auf und zeigt sich mit weißem, später grauem mehlartigen Belag auf dem Blattwerk. Der weiße Belag ist abwischbar! Entfernen Sie befallene Pflanzenteile und machen Sie Ihre Obstgehölze mit Pflanzenstärkungsmittel widerstandsfähiger. Mit einem jährlichen Pflanzenschnitt beugen Sie vor. Schorf ist die häufigste Pilzkrankheit, von der Äpfel befallen werden, auch Birnen sind betroffen. Der Pilz tritt von Frühjahr bis Herbst auf und zeigt sich mit ölig wirkenden, später dunkelbraunen bis grauen filzigen Flecken auf den Blättern. Auf den Früchten bilden sich raue dunkle Stellen. Der Schorfpilz beeinträchtigt nicht den Geschmack der Früchte und schadet auch nicht den Bäumen, nur optisch sehen die Äpfel und Birnen nicht mehr ansprechend aus. Deshalb gibt es im Handel schorfresistente Sorten. Zusätzlich sollten Sie das Falllaub von schorfbefallenen Bäumen im Herbst entfernen.

4 Blattläuse bei Apfelbäumen

↑ Häufige Blattläuse bei Apfelbäumen sind die Mehlige Apfelblattlaus und die Apfelfaltenlaus. Bei Letzterer verfärben sich die eingerollten Blätter leuchtend rot.

FEUERBRAND

Feuerbrand ist eine gefährliche Bakterienkrankheit, bei der Blüten, Blätter und junge Triebe braun werden, vertrocknen und welken. Betroffen sind vor allem Kernobstbäume und Zwergmispeln. Ein typisches Erkennungszeichen sind junge, unverholzte Triebe, die verdorrt sind und wie ein Haken herabhängen. Im Labor kann Feuerbrand eindeutig diagnostiziert werden. Die Krankheit ist meldepflichtig, da hochansteckend. Vor allem bei feuchtwarmem Wetter vermehren sich die Bakterien rasant. Für die Bekämpfung gibt es noch kein Mittel, befallene Obstgehölze müssen gerodet werden. Wählen Sie vorbeugend bei der Neupflanzung von Kernobst widerstandsfähige Sorten und achten Sie immer auf saubere Schnittwerkzeuge.

Da die weiblichen Kleinen Frostspanner nicht fliegen können und für die Eiablage auf den Knospen am Stamm entlangklettern müssen, sind Leimringe, an denen sie kleben bleiben, ein ideales Bekämpfungsmittel.

5 Kleiner Frostspanner

6 Apfelmehltau

Um die Ausbreitung des Apfelmehltaus und Neuinfektionen von jungen Trieben zu verhindern, sind eine regelmäßige Kontrolle und das zeitnahe Entfernen von befallenen Trieben wichtig.

Regelmäßige Kontrollen sind beim Obst- und Gemüseanbau besonders wichtig. Je früher man einen Befall bemerkt, desto schneller kann man eingreifen, um Ernteausfälle zu verhindern.

7 Regelmäßige Kontrollen

BEERENOBST:

Auch beim Beerenobstanbau sind Schädlinge und Krankheiten nicht selten. Grauschimmel befällt Erdbeeren, Himbeeren und Brombeeren, während diverse Mehltauarten Stachelbeeren, Johannisbeeren und ebenfalls Erdbeeren schädigen. Bei den Schädlingen sind es vor allem Gallmilben und Blattläuse, die Beerenobst zu schaffen machen.

Malus

STECKBRIEF

Sonne

mittel

Rußfleckenkrankheit, Monilia-Fruchtfäule

Apfelmosaikvirus, Feuerbrand

Blattläuse, Schildläuse, Apfelbaumgespinstmotte, Frostspanner, Apfelblütenstecher

Apfel

Apfelbäume gedeihen am besten in einem tiefgründigen Boden und in gemäßigtem Klima. Für kleine Gärten eignen sich spezielle Spalier- oder Säulenbäume. Damit es mit der Befruchtung auch sicher klappt, sollten Sie bedenken, dass mindestens eine zweite Apfelsorte, die zur gleichen Zeit blüht, in der Nähe stehen sollte.

Zu den häufigsten Krankheiten bei Apfelbäumen zählen Apfelmehltau und Apfelschorf. Apfelmehltau erkennen Sie an dem weißen, mehlartigen Belag, der junge Blätter und Triebe im Mai und Juni befällt. Auch Blüten können infiziert werden. Um den Pilz einzudämmen, schneiden Sie befallene Triebe und Triebspitzen bis ins gesunde Holz zurück. Beim Apfelschorf sehen Sie auf den Früchten anfangs kleine, runde, dunkle Flecken, die sich später ausdehnen können. Bei starkem Befall reißt die Schale schorfig auf. Verursacht wird die Krankheit durch den Schorfpilz. Der Pilz überwintert im Falllaub und breitet sich durch Sporen aus. Zur Vorbeugung pflanzen Sie am besten nur resistente und widerstandsfähige Apfelsorten und achten auf einen luftdurchlässigen Auslichtungsschnitt. Da die Ausbreitung des Pilzes durch Nässe im Frühjahr und Frühsommer begünstigt wird, können durch den richtigen Schnitt Blätter und Früchte nach Regenschauern schneller abtrocknen.

Beim Apfelschorf entstehen in den dunklen Flecken auf den Früchten oft Risse. Durch diese können die Erreger einer weiteren Krankheit eindringen: der *Monilia*-Fruchtfäule.

1 Schadbild von Apfelschorf

Weibliche Obstbaumspinnmilben sind leuchtend rot, während Männchen und Larven gelblich-rot sind.

2 Obstbaumspinnmilbe „Rote Spinne“

Weiteren Ärger verursacht beispielsweise die Obstbaumspinnmilbe, auch unter dem Namen „Rote Spinne" bekannt. Die befallenen Blätter erscheinen Anfang bis Mitte Mai anfänglich weißlich gesprenkelt, später gelblich bronzefarben und werden vorzeitig abgeworfen. Sie sind mit einem sehr feinen Gespinst überzogen. Das Wachstum der Früchte wird gehemmt. Trockenes und warmes Wetter begünstigt die Schädlinge. Vermeiden Sie übermäßige Stickstoffdüngung und halten Sie zu Beginn der Vegetation Ausschau nach Wintereiern an den Zweigen und auf den Blattunterseiten. Eine Lupe ist dazu sehr hilfreich. Bei einem Befall spritzen Sie die Apfelbäume mit lauwarmem Wasser ab – auch die Blattunterseiten nicht vergessen. Nützlinge wie Raubmilben, Raubwanzen, Florfliegen und Marienkäfer sind natürliche Gegenspieler der Obstbaumspinnmilbe. Auch der Apfelwickler, als Obstmade bekannt, ist im Garten nicht gerne gesehen. Der kleine Nachtfalter legt seine Eier an die Früchte und die schlüpfenden Raupen fressen sich in den Apfel hinein. Einen Befall erkennen Sie an dem nur wenige Millimeter großen Bohrloch in der Schale noch unreifer Äpfel. Fördern Sie nützliche Insekten wie Schlupfwespen und gestalten Sie Ihren Garten einladend für Vögel – sie sind die wichtigsten natürlichen Gegenspieler des Apfelwicklers.

Hier ist der Wurm drin! Der Apfelwickler ist ein besonders häufig vorkommender Schädling bei Apfelbäumen und hat sogar ein Sprichwort geprägt.

3 Bohrloch einer Apfelwicklermade

4 Fraßspuren

Pyrus communis

Birne

Birnen mögen sonnige und windgeschützte Standorte sowie durchlässige, humose Böden. Sie eignen sich auch als Spalierpflanze an der Hauswand oder als Zwerg- und Säulenbirnen im Kübel. Zur Befruchtung brauchen sie eine andere Birnensorte in der Nähe, die zum selben Zeitpunkt blüht. Vor allem Birnengitterrost kann der Pflanze gefährlich werden.

Birnengitterrost wird von bestimmten Wacholderarten übertragen. Vorbeugend können Sie die Triebe befallener Wacholder im eigenen Garten abschneiden und entsorgen, allerdings werden die Pilzsporen bis zu 500 Meter weit übertragen. Ein Sud aus Ackerschachtelhalm hilft, den Baum zu stärken. Im Fachhandel gibt es zudem Fungizide zur Pilzbekämpfung. Ebenso ärgerlich wie Pilze sind Schädlinge wie die Birnengallmücke. Von ihr befallene Früchte wachsen schneller, schwellen kugelig an und färben sich vom Blütenende her schwarz. Solche Früchte sollten Sie sofort pflücken und vom Boden aufsammeln. Entsorgen Sie sie dann über den Hausmüll. Wählen Sie vorbeugend sehr früh oder spät blühende Birnensorten, um dem Schädling auszuweichen. Ein weiterer Birnenschädling ist die Birnenpockenmilbe, eine Gallmilbe. Sehen Sie hellgrüne bis rötliche, später schwarzbraune Wölbungen (Pocken) auf den Blättern, sollten Sie die Blätter sofort entfernen und vernichten.

STECKBRIEF

- *Sonne, windgeschützt*
- *mittel*
- *Birnenschorf, Monilia-Fruchtfäule*
- *Feuerbrand*
- *Apfelwickler/ Obstmade, Birnenblattsauger*
- *Staunässe vermeiden*

Anzeichen des Birnengitterrosts sind unregelmäßige orange- bis rotfarbene Blattflecken. An der Blattunterseite bilden sich warzenähnliche Wucherungen.

1 Birnengitterrost

2 Birnengallmücke

Die Birnengallmücke legt ihre Eier in die sich öffnende Birnenblüte. Die Larven bohren sich dann nach dem Schlüpfen in den Fruchtknoten.

Fragaria

STECKBRIEF

Sonne

mäßig

Erdbeermehltau, Verticillium-Welke, Rhizomfäule

Dickmaulrüssler, Erdbeermilbe

Staunässe vermeiden

Erdbeere

Erdbeeren lieben es sonnig und wachsen besonders gut in humosen, durchlässigen und leicht sauren Böden. Wechseln Sie den Standort alle zwei bis drei Jahre. Die Früchte eignen sich für Garten und Beet sowie als Balkon- und Kübelpflanzen. Pflanzzeit ist im Frühjahr oder Herbst. Bei Feuchtigkeit sind Früchte und Blätter besonders anfällig für Pilzbefall.

1 Rotfleckenkrankheit

Fleckenkrankheiten treten v. a. in regenreichen Jahren auf. Entfernen Sie befallene Blätter vor dem Neuaustrieb, um die Ausbreitung zu verhindern.

Grauschimmel aus der *Botrytis*-Familie zeigt sich als dichter Schimmelflaum bei halbreifen bis reifen Erdbeeren, das Fruchtfleisch darunter ist verfault.

2 Grauschimmel

Um Grauschimmel vorzubeugen, sollten Sie beim Auspflanzen auf ausreichend Abstand achten, damit nasse Blätter schneller abtrocknen können. Setzen Sie zudem stickstoffhaltigen Dünger sparsam ein. Reifen die Früchte heran und neigen sich zum Boden, bedecken Sie die Erde mit einer Strohschicht, um sie vor Feuchtigkeit zu schützen. Auch eine weitere Pilzkrankheit, die Rot- und Weißfleckenkrankheit, kann bei Erdbeeren auftreten. Auf den Blättern zeigen sich weiße oder rotbraune Flecken, später sterben die Blätter ab. Bei einem Befall durch den Erdbeerblütenstecher zeigt die Blütenknospe ein winziges Loch, auch der Blütenstiel ist angefressen. Dadurch knickt er ab und der Blütenstand vertrocknet. Halten Sie dann im Frühling Ausschau nach dem Käfer. Legen Sie eine weiße Unterlage unter die blütentragenden Stauden, schütteln Sie diese vorsichtig und sammeln Sie etwaige Käfer ab. Befallene Knospen entfernen Sie sofort, so können sich die Larven nicht zu Käfern entwickeln.

Himbeere/ Brombeere

Himbeere und Brombeere benötigen etwas Platz, um sich auszubreiten, und stützen sich gerne auf ein Spalier. Der Boden sollte durchlässig, humos und nährstoffreich sein.

Der Himbeerkäfer befällt bevorzugt Sommerhimbeeren, deren befallene Früchte Sie sofort entfernen und im Restmüll entsorgen sollten. Ein Gartenvlies unter den Sträuchern verhindert zudem, dass sich die geschlüpften Larven zur Verpuppung im Erdreich eingraben. Entdecken Sie im Frühsommer im unteren Bereich der Himbeerruten rötlich braune bis blauviolette Flecken, kann es sich um die Himbeerrutenkrankheit handeln. An den verfärbten Stellen stirbt die Rinde ab und die Rute verkümmert. Im nächsten Frühjahr treibt die Pflanze nur noch spärlich aus. Entfernen Sie erkrankte Ruten und achten Sie auf eine regelmäßige Bewässerung und Düngung. Der häufigste Schädling bei Bormbeeren ist die Brombeergallmilbe. Sie saugt an den jungen Beeren, die dadurch nicht mehr ausreifen. Bestes Gegenmittel ist ein Rückschnitt der Ruten im Herbst/Winter. Auch gegen den Himbeer- bzw. Brombeerblütenstecher empfiehlt sich ein Rückschnitt nach der Ernte.

Im Mai schwärmen die Himbeerkäfer aus und legen ihre Eier in die Himbeerblüten. Die geschlüpften Larven ernähren sich dann von den reif werdenden Früchten.

Himbeerkäfer

Rubus idaeus/ Rubus fructicosus

STECKBRIEF

- Sonne
- mittel
- Grauschimmel, Himbeer-/ Brombeerrost, Phytophthora-Wurzelfäule
- Himbeermosaikvirus
- Himbeer-/ Brombeerblütenstecher, Blattläuse, Himbeerrutengallmücke

Ribes

STECKBRIEF

Sonne, Halbschatten

viel

Säulenrost, Blattfallkrankheit, Rotpustelkrankheit

Johannisbeerblasenlaus

Staunässe vermeiden

Johannisbeere

Johannisbeeren haben von Juni bis September Saison. Die weißen und roten Früchte sind bereits ab Mitte Juni reif, die schwarzen etwa einen Monat später. Beste Pflanzzeit ist im Herbst. Alle Johannisbeersorten lieben nährstoffreiche Böden und einen geschützten Platz. Da sie nur flache Wurzeln bilden, sind sie auf ausreichend Feuchtigkeit im Boden angewiesen.

Bei Johannisbeeren sollte Stickstoffdünger nur sparsam gegeben werden, da zu viel Stickstoff das Auftreten von Pilzkrankheiten begünstigt. Damit Krankheiten gar nicht erst auftreten, empfiehlt sich der Kauf von resistenten Johannisbeersorten. Setzen Blattläuse der Johannisbeere zu, lassen sich diese mit einem starken Wasserstrahl oder mit einer Beipflanzung von Kapuzinerkresse bekämpfen. Etwas schwieriger ist der Amerikanische Stachelbeermehltau. Bei den schwarzen Beeren sollten Sie zu widerstandsfähigen Sorten wie ‚Titania' greifen, die robust gegen Mehltau, Rost und Gallmilben sind. Ist der Strauch bereits von der Krankheit befallen, hilft ein starker, sorgfältiger Rückschnitt. Ebenfalls weit verbreitet ist die Johannisbeergallmilbe. Diese überwintert in den Knospen der Pflanze, die sich dadurch stark zu sogenannten Rundknospen vergrößern. Bei mäßigem Befall werden befallene Triebe ausgeschnitten, stark befallene Sträucher brauchen einen radikalen Rückschnitt.

An Stachelbeeren und schwarzen Johannisbeeren bildet der Mehltau ein weißliches Myzel, später einen braunen, filzigen Belag an Triebspitzen und Blättern.

1 Stachelbeermehltau

2 Rundknospen durch Gallmilben

Ab Februar vermehren sich die Gallmilben in den Rundknospen und besiedeln dann ab April die ganze Pflanze, insbesondere Blätter und Triebe.

Cerasus

Kirsche

Kirschen gehören zu den beliebtesten Baumobstarten. Viele neue Kirschsorten sind selbstbefruchtend, andere benötigen passende Befruchter. Pflanzzeit ist im Herbst oder Frühjahr. Der Boden sollte tiefgründig und durchlässig sein. Häufige Schädlinge sind die Kirschfruchtfliege und die Schwarze Kirschenblattlaus.

STECKBRIEF

Sonne

mäßig

Monilia-Fruchtfäule, Monilia-Spitzendürre, Schrotschusskrankheit

Bakterienbrand, Gummifluss

Schwarze Kirschblattwespe, Frostspanner

1 Sprühfleckenkrankheit

Ab Ende Mai bilden sich auf den Blättern punktförmige violette Flecke, die rasch größer werden, auf der Unterseite erscheinen später kleine Pusteln.

Durch Kirschenblattläuse kommt es im Mai/Juni zu starkem Einrollen der Blätter, wobei die Blattläuse an den Blattunterseiten und an den Trieben sitzen.

2 Schwarze Kirschenblattlaus

Kirschfruchtfliegen mögen vor allem mittelspäte und späte Süßkirschensorten. Die Früchte sehen dann matt aus und fallen zu Boden. Befallene Kirschen dann entfernen und Gelbtafeln aufhängen. Durch die zuckerhaltigen Ausscheidungen der Kirschenblattläuse verkleben Blätter und Früchte. Hier siedeln sich gerne schwarze Rußtaupilze an. Weitere Folgeschäden sind fleckige und vergilbte Blätter, zudem wird die gesamte Pflanze geschwächt. Vorbeugend empfiehlt es sich, junge Blätter und Triebe bereits zur Blütezeit auf Blattlausbefall zu untersuchen. Entdecken Sie Schädlinge, können Sie Brennnesselbrühe oder Pflanzenschutzmittel für Nutzpflanzen, z. B. mit Rapsöl oder Kaliseife, einsetzen. Auch Pilze machen vor Kirschen nicht halt. Die Sprühfleckenkrankheit, hervorgerufen durch einen Pilz, befällt vor allem Sauerkirschen, seltener Süßkirschen. Da der Pilz in abgestorbenen Blättern überwintert, sollte das Laub nach dem Abfallen rasch eingesammelt und entsorgt werden.

Pflaume/ Zwetschge

Prunus domestica

Pflaumenfrüchte sind rundlich, Zwetschgen eher länglich. Gepflanzt werden die Bäume im Herbst in einen tiefgründigen Boden. Besonders gefährlich: das Scharkavirus.

Befallsymptome des Virus sind hell- bis olivgrüne Ringe oder violette Blattflecken, die ab Mai/Juni auftreten. An den Früchten entstehen pockennarbige Einsenkungen bis hin zur Verkrüppelung. Eine Behandlung der Krankheit ist nicht möglich. Vorbeugend empfiehlt sich die Bekämpfung von Blattläusen (Überträger) und das Pflanzen von scharkaresistenten Sorten. Die mittelfrühe Sorte ‚Hanita', die spät reifende Sorte ‚Juna' und die Frühsorte ‚Katinka' sind kaum krankheitsanfällig. Reifen die Früchte vorzeitig und werden abgeworfen, kann es sich um den Pflaumenwickler handeln. Sie erkennen ihn auch am Bohrloch in der Frucht. Ein ähnliches Schadbild an jungen Früchten verursacht die Pflaumensägewespe. Im Handel erhalten Sie Pflaumenwicklerfallen, zusätzlich sollten Sie befallene Früchte entsorgen. Ein weiteres Ärgernis sind *Monilia*-Pilze, die zu Spitzendürre oder Fruchtfäulekrankheiten führen. Die Pilzsporen zeigen sich an den Triebspitzen und den ganzen Früchten.

Stellen Sie den Befall mit einem *Monilia*-Pilz fest, greifen Sie sofort zur Gartenschere und entfernen Sie großzügig davon befallene Triebe oder Früchte.

Monilia-Fruchtfäule

STECKBRIEF

- warm, wind- und frostgeschützt
- regelmäßig
- Monilia-Spitzendürre, Schrotschusskrankheit
- Pflaumenblattlaus, Pflaumengallmilbe
- scharkatolerante Sorten wählen

Ribes uva-crispa

Stachelbeere

Sie kann als Strauch, Hecke oder Hochstämmchen gezogen werden. Stachelbeeren, gleich, ob gelbe, rote, grüne oder weiße Früchte, bevorzugen geschützte, sonnige bis halbschattige Lagen. Der Boden sollte tiefgründig und humos sein und ein gutes Wasserhaltevermögen besitzen. Pflanztermin ist Oktober/November, empfehlenswert sind mehltauresistente Sorten.

Beim Befall mit dem Amerikanischen Stachelbeermehltau werden Triebspitzen und junge Blätter mit feinen weißen Pilzfäden überzogen. Auch die Früchte können befallen werden. Der Pilz überwintert in den infizierten Knospen. Bei seinem Auftreten müssen die Sträucher während des Winters radikal zurückgeschnitten werden. Ein weiterer Pilz, der auftreten kann, führt zur Blattfallkrankheit. Hier erscheinen auf den Blättern kleine, runde, bräunliche Flecken, die zum vorzeitigen Abwurf der Blätter führen. Der Pilz überwintert im abgefallenen Laub, feuchte Witterung begünstigt die Sporenbildung. Vorbeugend sollten widerstandfähige Sorten gepflanzt werden, abgefallenes Laub sollten Sie entsorgen. Durch regelmäßiges Auslichten der Sträucher reduzieren Sie die Infektionsgefahr. Sehen Sie Lochfraß an den Blättern, ist vermutlich die Stachelbeerblattwespe aktiv. Sobald Sie Nester von Larven im Frühjahr sehen, müssen diese abgesammelt oder die Blätter abgeschnitten werden.

STECKBRIEF

- Sonne, Halbschatten
- viel
- Rotpustelkrankheit
- Johannisbeergallmilbe, Rote Stachelbeermilbe, Stachelbeerspanner
- regelmäßiger Rückschnitt im Winter/Frühjahr

Befällt der Amerikanische Stachelbeermehltau die Früchte, entstehen sogenannte Fruchtmumien, die im Hausmüll entsorgt werden müssen.

1 Stachelbeermehltau

2 Stachelbeerblattwespe

Die auffälligen Raupen der Stachelbeerblattwespe sind schnell zu erkennen, verstecken sich aber gerne im Inneren des Stachelbeerstrauchs.

Weintraube

Weintrauben lassen sich im Haus- und Kleingarten ideal anbauen. Sie gedeihen auf trockenen und selbst auf steinigen Böden, wobei die Trauben einen Platz an der Sonne sowie Wärme mögen. Zum Wachsen empfiehlt sich eine Rankhilfe. Robust und widerstandsfähig gegen Mehltau sind z. B. die Sorten ‚Muscat bleu' oder ‚Birstaler Muskat'.

Damit Trauben nicht vom Echten oder Falschen Mehltau befallen werden, empfiehlt sich ein vollsonniger Standort. Durch einen geschützten Platz, z. B. unter einer Pergola, können Sie vor allem Falschem Mehltau entgegenwirken. Weitere vorbeugende Maßnahmen: nicht über die Blätter gießen und ausreichend Abstand zwischen den Reben einhalten. Ein Sud aus Ackerschachtelhalm kräftigt die Pflanzen und hilft gegen Pilzerkrankungen. Bei sehr starkem Befall haben sich bei Echtem Mehltau schwefelhaltige Fungizide bewährt. Auch Schädlinge bedienen sich gerne an Weinreben. Die Rebenpockenmilbe verursacht auf den Blättern blasen- oder pockenartige Aufwölbungen. Die Blattunterseiten sind von einem weißen oder bräunlichen filzartigem Belag bedeckt. Die ersten Schäden zeigen sich schon kurz nach Beginn des Austriebs, entfernen Sie dann befallene Blätter. Raubmilben helfen Ihnen bei der Bekämpfung; Pflanzenschutzmittel sind nicht zugelassen.

Hat sich Falscher Mehltau an Ihren Reben eingenistet, entfernen Sie befallene Pflanzenteile sofort. Auch verschrumpelte Trauben, die am Boden liegen, sollten entsorgt werden.

Falscher Mehltau

Vitis vinifera

STECKBRIEF

Sonne

wenig

Grauschimmel

Reblaus

Weitere Krankheiten und Schädlinge

Pflanze	Krankheit/ Schädling	Symptome	Behandlung
Akelei	Akeleiblattwespe	Lochfraß an Blättern durch Larven	Absammeln der Larven per Hand
	Akeleiminierfliege	Minengänge an Blättern	Entfernen der befallenen Blätter; Leimtafeln; Einsatz von Schlupfwespen (*Dacnusa sibirica*)
Anemone	Blattälchen	eckige gelbbraune Blattflecken	Entfernen der befallenen Pflanze
Aprikose	Frostspanner	Lochfraß an Blättern und Früchten durch Raupen	Einsatz von *Bacillus-thuringiensis*-Präparaten
	Kräuselkrankheit	gekräuselte, verformte Blätter	befallene Blätter entfernen; Einsatz von Ackerschachtelhalmbrühe
	Schrotschusskrankheit	dunkle, runde Blattflecken; später Lochbildung	Rückschnitt; Fungizid bei starkem Befall
Bambus	Bambusspinnmilben	gelbbraune Blattflecken, Gespinste an Blattunterseiten	Rückschnitt; Einsatz von Raubmilben; Insektizid bei starkem Befall
Buche	Buchenblattlaus	bräunliche Blattflecken, eingerollte Blattränder, Honigtau, weißliche Wachsfäden	Entfernen der befallenen Blätter, Besprühen mit Ölgemisch
Christrose	Schwarzfleckenkrankheit	schwarze Blattflecken	befallene Blätter entfernen; Rückschnitt
	Dickmaulrüssler	Buchtenfraß an Blättern, Wurzelfraß durch Larven	Absammeln von Larven und Käfern; Einsatz von Nematoden
Chrysantheme	Weißer Chrysanthemenrost	weißgelbe Blattflecken, rundliche Pusteln auf der Blattunterseite	Entfernen der befallenen Blätter; Rückschnitt, Fungizid bei starkem Befall
Clematis	*Phoma*-Clematiswelke	hellbraune Blattflecken, Verwelken von Trieben	Entfernen der befallenen Blätter; Fungizid bei starkem Befall
Efeu	Efeuspinnmilbe	punktförmige weißliche Sprenkel an Blättern, Vertrocknen der Blätter, evtl. feine Gespinste	Absprühen mit Wasser; Einsatz von Raubmilben; Insektizid bei starkem Befall
	Brennfleckenkrankheit	runde bräunliche Blattflecken; kleine Erhebungen (Fruchtkörper)	Entfernen der befallenen Blätter, Auslichten und Rückschnitt; Fungizid bei starkem Befall
Eibe	Dickmaulrüssler	Fraßschäden an Nadeln, Wurzelfraß durch Larven	Absammeln von Larven und Käfern; Einsatz von Nematoden
	Wollige Napfschildlaus	wachsartiger wolliger Überzug der Äste; weiße Larven, Weibchen mit Eisack, Honigtau	Abbürsten oder Absprühen mit Wasser; evtl. Insektizideinsatz

Pflanze	Krankheit/ Schädling	Symptome	Behandlung
Feldsalat	Echter Mehltau	weißer mehlartiger Blattbelag	befallene Pflanze entfernen
	Falscher Mehltau	vergilbte Blätter, gehemmtes Wachstum	befallene Pflanze entfernen
Feuerdorn	Feuerdornschorf	schwarze bis olivgrüne Flecken an Blättern und Trieben	befallene Teile entfernen; vorbeugender Fungizideinsatz
Fichte	Fichtennadelrost	orangefarbene Nadeln, später Nadelfall	evtl. vorbeugender Fungizideinsatz
	Fichtengallenlaus	grüne oder gelbliche Gallen an Trieben	befallene Triebe entfernen
	Nadelholzspinnmilbe	fahle und matte Nadeln, Gespinste auf Nadelunterseiten	Insektizideinsatz
Forsythie	Bakterienkrebs	gallenartige Wucherungen an Zweigen	befallene Zweige entfernen
Hortensie	Wollige Napfschildlaus	weiße Larven, Weibchen mit Eisack, Honigtau	Absprühen mit Wasser; evtl. Insektizideinsatz
Immergrün	Phoma-Stängelfäule	verwelkte Triebe, schwarzbraune Flecken und dunkle Fruchtkörper auf Blättern	befallene Pflanzen entfernen, evtl. Fungizideinsatz
Kaiserkrone	Lilienhähnchen	Fraßschäden an Blättern und Blüten	Absammeln von Eiern, Larven und Käfern mit der Hand
Kiefer	Kiefernblasenrost	teilweise Nadelflecken, blasenartige Sporenlager an Zweigen	befallene Zweige entfernen, keine Johannisbeeren in der Nähe pflanzen
	Kiefernwolllaus	wachsartiger wolliger Überzug der Äste	Absprühen mit Wasser
Lavendelheide	Andromeda-Netzwanze	vergilbte Blätter, dunkle Kotflecken auf Blattunterseiten	Rückschnitt; frühzeitiger Insektizideinsatz
Liguster	Ligusterblattlaus	gelbliche bis rote Blattflecken, später stark eingerollte Blätter, schließlich Blattfall	Rückschnitt; frühzeitiger Insektizideinsatz
Lilie	Lilienhähnchen	Fraßschäden an Blättern und Blüten	Absammeln von Eiern, Larven und Käfern mit der Hand
Linde	Wollige Napfschildlaus	wachsartiger wolliger Überzug der Äste; weiße Larven, Weibchen mit Eisack, Honigtau	Abbürsten oder Absprühen mit Wasser; evtl. Insektizideinsatz
	Blattfleckenkrankheit	braunschwarze Blattflecken, später Blattfall	befallene Blätter entfernen
Lorbeer	Lorbeerblattfloh	eingerollte Blätter, später Vergilben und Blattfall, Honigtau, weiße Wachsfäden	betroffene Blätter entfernen, Besprühen mit Schmierseife
	Dickmaulrüssler	Buchtenfraß an Blättern, Wurzelfraß durch Larven	Absammeln von Larven und Käfern; Einsatz von Nematoden
Magnolie	Wollige Napfschildlaus	weiße Larven, Weibchen mit Eisack, Honigtau	Absprühen mit Wasser; evtl. Insektizideinsatz
Mahonie	Mahonienrost	rötlich braune runde Blattflecken, pustelartige braune Sporenlager auf Blattunterseite	Rückschnitt, evtl. Fungizideinsatz

Pflanze	Krankheit/ Schädling	Symptome	Behandlung
Malve	Malvenrost	braune und gelbe Blattflecken, braunrötliche Pusteln auf Blattunterseite	betroffene Blätter entfernen, Besprühen mit Farnkrautjauche
	Malvenflohkäfer	löchrige Fraßschäden bis hin zu skelettierten Blättern	Absammeln der Käfer per Hand
Mandelbäumchen	*Monilia*-Spitzendürre	welke Blätter, bräunliche Blüten	großzügiger Rückschnitt, evtl. Fungizideinsatz
Narzisse	Gelbstreifigkeit	schlaffe Blätter mit gelben Längsstreifen	befallene Pflanzen mit Zwiebel entfernen
	Narzissenfeuer	graue Blattflecken, verformte Blätter, teilweise Schimmelrasen	befallene Pflanzen mit Zwiebel entfernen
Nelke	Nelkenschwärze	runde bis längliche braune Blattflecken, später schwarzer Pilzrasen	betroffene Blätter entfernen, bei starkem Befall komplette Pflanze entfernen
Palmlilie	Blattfleckenkrankheit	runde dunkle Blattflecken	befallene Blätter entfernen, evtl. Fungizideinsatz
Pfeifenstrauch	Schwarze Bohnenlaus	eingerollte Blätter, auffällige Kolonien an Blattunterseiten, Stängeln und Blütenansätzen	Absprühen mit Wasser; evtl. Besprühen mit Seifenlösung
Pfirsich	Grüne Pfirsichblattlaus	eingerollte, vergilbte Blätter, Saugschäden an Knospen	bei starkem Befall Insektizideinsatz
	Kräuselkrankheit	gekräuselte, verformte Blätter, rötliche Verdickungen	Entfernen der befallenen Blätter; Einsatz von Ackerschachtelhalmbrühe
	Fruchtfäule	braune Faulstellen an Früchten	Rückschnitt von erkrankten Trieben
Phlox	Blatt- und Stängelälchen	verdickte Blattstiele, missgebildete Blätter	Rückschnitt von befallenen Trieben
	Echter Mehltau	weißer mehlartiger Blattbelag	betroffene Blätter entfernen, bei starkem Befall komplette Pflanze
Platane	Blattbräune	unregelmäßige, zackige Blattflecken	Rückschnitt befallener Triebe, Laubentsorgung
Quitte	Blattbräune	kleine rote Blattflecken, später komplette Braunfärbung, Blattfall	betroffene Blätter und Triebe entfernen, Laubentsorgung
	Fleischbräune	bräunliches Fruchtfleisch	Früchte genießbar, schnelle Verarbeitung ratsam
	Feuerbrand	braunschwarze Blätter und Blüten, die am Baum hängen bleiben, Pflanze wirkt wie verbrannt	meldepflichtig, Baumrodung nötig
Rhabarber	Rhabarbermosaikkrankheit	helle Blattflecken, später mosaikartige Musterungen und braune absterbende Blattränder	Entfernen der befallenen Pflanze
Rittersporn	Schwarzfleckenkrankheit	schwarze unregelmäßige Blattflecken	Entfernen befallener Blätter
Robinie	Robinienminiermotte	weißliche Blattflecken, später blasenartige Platzminen	bei starkem Befall Insektizideinsatz

Pflanze	Krankheit/ Schädling	Symptome	Behandlung
Ross-kastanie	Rosskastaniensterben	schwarze Stellen am Stamm, Rindenverfärbung, blutende Stellen	bei starkem Befall Rodung nötig
	Wollige Napfschildlaus	wachsartiger wolliger Überzug der Äste; weiße Larven, Weibchen mit Eisack, Honigtau	Abbürsten oder Absprühen mit Wasser; evtl. Insektizideinsatz
Schnee-ball	Schneeballblattkäfer	durch Larven Loch- und Fensterfraß bis hin zu skelettierten Blättern	Entfernen von befallenen Blättern, bei starkem Befall Insektizideinsatz
Sellerie	*Septoria*-Blattfleckenkrankheit	gelbgrüne, braune oder graue Flecken auf Blättern und Stängeln mit schwarzen Sporenpunkten in der Mitte	Entfernen von befallenen Pflanzen, bei starkem Befall Fungizideinsatz
Sonnen-blume	Blattfleckenkrankheit	braune eckige Blattflecken	befallene Blätter entfernen, bei starkem Befall gesamte Pflanze entfernen
	Falscher Mehltau	helle Flecken auf Blattoberseite, Pilzrasen auf Blattunterseite	betroffene Blätter entfernen, bei starkem Befall gesamte Pflanze entfernen
	Schnecken	Fraßschäden an Blättern und Blüten	natürliche Fressfeinde fördern, Schneckenzaun, Schneckenkorn
Spindel-baum	Spindelbaumgespinstmotte	Gespinste an Trieben, Fraßschäden durch Raupen	befallene Triebe entfernen
	Spindelbaumschildlaus	Befall von Blättern und Trieben von Kolonien, weiße Männchen, Weibchen mit braunen Schilden	befallene Blätter und Triebe entfernen
Stechpalme	Ilexminierfliege	Minengänge auf Blattoberseite, Blattvergilbung und Blattfall	Entfernen befallener Blätter, evtl. Insektizideinsatz
Trompeten-baum	*Verticillium*-Welke	zuerst Welken der ältesten Blätter, später Wachstumshemmung und Welken junger Blätter	radikaler Rückschnitt, evtl. komplette Pflanze umpflanzen
Tulpe	Gelbstreifigkeit	schlaffe Blätter mit gelben Längsstreifen	befallene Pflanzen mit Zwiebel entfernen
	Tulpenfeuer	graue Blattflecken, verformte Blätter, teilweise Schimmelrasen	befallene Pflanzen mit Zwiebel entfernen
Ulme	Ulmengallmilbe	Gallen auf der Blattoberseite	befallene Blätter entfernen
	Ulmenblasenlaus	beutelförmige Gallen auf Blattoberseite	befallene Blätter entfernen
Weide	Weidenrost	hellgelbe Blattflecken, Sporenbelag auf Blattunterseite	befallene Blätter entfernen, Rückschnitt befallener Triebe
Weißdorn	Birnbaumprachtkäfer	Zickzack-Larvenfraß unter der Rinde	bei starkem Befall Baumrodung
Ysander (Dickmännchen)	*Volutella*-Triebsterben	braunschwarze Blattflecken, Triebe werden schwarz und weich	befallene Blätter und Triebe entfernen, evtl. Einsatz von Fungiziden
Zwerg-mispel	Feuerbrand	braunschwarze Blätter und Blüten, die am Baum hängen bleiben, Pflanze wirkt wie verbrannt	meldepflichtig, Baumrodung nötig

Register

A

B

C/D

E

F

G

H/I

S

T

U/V

W

Y/Z

Bildnachweis

4: Yuganov Konstantin/Shutterstock.com, 6: Kristyk.photo/Shutterstock.com, 8: Stanislav71/Shutterstock.com, 10: EduardSV/Shutterstock.com, 11: Jack Frog/Shutterstock.com, 12 li.: barmalini/Shutterstock.com, 12 re.: wavebreakmedia/Shutterstock.com, 13 u.: Coatesy/Shutterstock.com, 13 o.: Olivier Le Queinec/Shutterstock.com, 14: Clovera/Shutterstock.com, 15 o. re.: Grandpa/Shutterstock.com, 15 o. li.: Peter Cho/Shutterstock.com, 15 u.: Plant Pathology/Shutterstock.com, 16 u.: jansk/Shutterstock.com, 16 o. li.: Aphakorn Fuengtee/Shutterstock.com, 16 o. re.: Plant Pathology/Shutterstock.com, 17 o. li.: Grandpa/Shutterstock.com, 17 o. re.: AJCespedes/Shutterstock.com, 17: DUANGJAN JITMART/Shutterstock.com, 18: Grandpa/Shutterstock.com, 19 u. li.: Kazakov Maksim/Shutterstock.com, 19 o. re.: Vilo/Shutterstock.com, 19 u. re.: Lisa S./Shutterstock.com, 19 o. li.: Alexandra Ozerova/Shutterstock.com, 20 u. re.: Aphakorn Fuengtee/Shutterstock.com, 20 o.: JGade/Shutterstock.com, 20 u. li.: Kazakov Maksim/Shutterstock.com, 21 u. li.: Floki/Shutterstock.com, 21 u. re.: Ilya Karnaukhov/Shutterstock.com, 21 o.: Bunina Darya/Shutterstock.com, 22: azure/Shutterstock.com, 23 u. re.: Viktorialvanets/Shutterstock.com, 23 u. li.: AJCespedes/Shutterstock.com, 23 o.: Jiri Prochazka/Shutterstock.com, 24 o.: yod67/Shutterstock.com, 24 u. re.: Marija Stepanovic/Shutterstock.com, 24 u. li.: Gucio_55/Shutterstock.com, 25 o. li.: Catherine311/Shutterstock.com, 25 u.: Protasov AN/Shutterstock.com, 25 o. re.: Tomasz Klejdysz/Shutterstock.com, 26: Bogdan Sonjachnyj/Shutterstock.com, 27 u.: Singkham/Shutterstock.com, 27 o. re.: Sarah2/Shutterstock.com, 27 o. li.: Taras Garkusha/Shutterstock.com, 28 u. li.: Nataliia Melnychuk/Shutterstock.com, 28 u. re.: bluedog studio/Shutterstock.com, 28 o. re.: photowind/Shutterstock.com, 28 o. li.: 826A IA/Shutterstock.com, 29 o.: Vadym Zaitsev/Shutterstock.com, 29 u. li.: Werner Muenzker/Shutterstock.com, 29 u. re.: Maren Winter/Shutterstock.com, 30: alexkich/Shutterstock.com, 32 u.: Maljalen/Shutterstock.com, 32 o. li.: AnnHirna/Shutterstock.com, 33: Stanislav71/Shutterstock.com, 34 u. li.: nito/Shutterstock.com, 34 o. re.: zoommachine/Shutterstock.com, 34 u. re.: Marianna Karabut/Shutterstock.com, 34 o. li.: Stanislav71/Shutterstock.com, 35 u.: Stanislav71/Shutterstock.com, 35 o. re.: Stanislav71/Shutterstock.com, 35 o. li.: rodimov/Shutterstock.com, 36 u. li.: Azfar Zepto Moments/Shutterstock.com, 36 o. li.: Elena Masiutkina/Shutterstock.com, 36 u. re.: photowind/Shutterstock.com, 37 u. re.: Zabavna/Shutterstock.com, 37 o. li.: Alina Demidenko/Shutterstock.com, 37 o. re.: ShooShoo/Shutterstock.com, 37 u. li.: Evan Lorne/Shutterstock.com, 38 o. li.: Medvedeva Oxana/Shutterstock.com, 38 u.: ChameleonsEye/Shutterstock.com, 39 o. re.: andras_csontos/Shutterstock.com, 39 u.: Kaaca/Shutterstock.com, 39 o. li.: Brt/Shutterstock.com, 40 u. li.: Johann Knox/Shutterstock.com, 40 u. re.: Alina Demidenko/Shutterstock.com, 40: Eyesonmilan/Shutterstock.com, 41 u. re.: Neudorff, 41 u. li.: imrankadir/Shutterstock.com, 41 o.: encierro/Shutterstock.com, 42 o. li.: Jolanda Aalbers/Shutterstock.com, 42 u. li.: Frode Jacobsen/Shutterstock.com, 42 u. re.: Neudorff, 43 u. li.: Tomasz Klejdysz/Shutterstock.com, 43 o.: corlaffra/Shutterstock.com, 43 u. re.: Hanjo Hellmann/Shutterstock.com, 44 u. re.: thatmacroguy/Shutterstock.com, 44 o.: Neudorff, 44 u. li.: AJCespedes/Shutterstock.com, 45 u.: Neudorff, 45 o. re.: D. Kucharski K. Kucharska/Shutterstock.com, 45 o. li.: Christian Musat/Shutterstock.com, 46 u. re.: JPC-PROD/Shutterstock.com, 46 u. li.: Konrad Mostert/Shutterstock.com, 46 o. li.: SusaZoom/Shutterstock.com, 47 o.: Tim Masters/Shutterstock.com, 47 u. re.: viki2win/Shutterstock.com, 47 u. li.: rodimov/Shutterstock.com, 48 u. li.: Miyuki Satake/Shutterstock.com, 48 u. re.: Heiko Barth/Shutterstock.com, 48 o. li.: Sheila Fitzgerald/Shutterstock.com, 49 u. re.: Neudorff, 49 o.: Olaf Speier/Shutterstock.com, 49 u. li.: Olaf Speier/Shutterstock.com, 50: ABO PHOTOGRAPHY/Shutterstock.com, 52: zhukovvvlad/Shutterstock.com, 53: Claudia Paulussen/Shutterstock.com, 53 o. re.: limipix/Shutterstock.com, 53 o. li.: mates/Shutterstock.com, 54 u.: Ralf Geithe/Shutterstock.com, 54 o. re.: djsknot/Shutterstock.com, 54 o. li.: Brandon Blinkenberg/Shutterstock.com, 55 o. li.: Brandon Blinkenberg/Shutterstock.com, 55 u.: Aobnoi_Sunanta/Shutterstock.com, 55 o. re.: Marianna Karabut/Shutterstock.com, 56: Joshua Resnick/Shutterstock.com, 57 u. li.: V J Matthew/Shutterstock.com, 57 o. re.: Tntk/Shutterstock.com, 57 u. re.: Julija Sapic/Shutterstock.com, 57 o. li.: Berke/Shutterstock.com, 58 u. li.: Luca Santilli/Shutterstock.com, 58 u. re.: encierro/Shutterstock.com, 58 o. re.: Fotokostic/Shutterstock.com, 58 o. li.: sanddebeautheil/Shutterstock.com, 59 u.: FotoDuets/Shutterstock.com, 59 o. li.: Burkhard Trautsch/Shutterstock.com, 59 o. re.: Martina Osmy/Shutterstock.com, 60: Bachkova Natalia/Shutterstock.com, 61 u.: Malota/Shutterstock.com, 61 o. re.: Jurga Jot/Shutterstock.com, 61 o. li.: gpointstudio/Shutterstock.com, 62 o.: photowind/Shutterstock.com, 62 u. li.: Volodymyr Nikitenko/Shutterstock.com, 62 u. re.: Greg McGil/Shutterstock.com, 63 o. li.: Helga_foto/Shutterstock.com, 63 u.: AlexBuess/Shutterstock.com, 63 o. re.: Mark Herreid/Shutterstock.com, 64: goodluz/Shutterstock.com, 65 u. re.: Steinhagen Artur/Shutterstock.com, 65 o. re.: Laurent Renault/Shutterstock.com, 65 o. li.: GoodMood Photo/Shutterstock.com, 65 u. li.: Zocchi Roberto/Shutterstock.com, 66 o.: Melinda Nagy/Shutterstock.com, 66 u. re.: Peter Turner Photography/Shutterstock.com, 66 u. li.: yuris/Shutterstock.com, 67 o.: stevemart/Shutterstock.com, 67 u. re.: pilialoha/Shutterstock.com, 67 u. li.: audaxl/Shutterstock.com, 68: withGod/Shutterstock.com, 69 o. re.: Alexander Raths/Shutterstock.com, 69 u.: TwilightArtPictures/Shutterstock.com, 69 o. li.: MNStudio/Shutterstock.com, 70: Vlad Teodor/Shutterstock.com, 71 o. li.: JPR03/Shutterstock.com, 71 u. re.: Starover Sibiriak/Shutterstock.com, 71 u. li.: Victoria Tucholka/Shutterstock.com, 71 o. re.: Melica/Shutterstock.com, 72 u. re.: Svetlana Lukienko/Shutterstock.com, 72 o. re.: Gaus Alex/Shutterstock.com, 72 u. li.: Swapan Photography/Shutterstock.com, 72 o. li.: Melica/Shutterstock.com, 73 u.: Tiplyashina Evgeniya/Shutterstock.com, 73 o. re.: PosiNote/Shutterstock.com, 73 o. li.: OnlyFOOD/Shutterstock.com, 74: Pyshnyy Maxim Vjacheslavovich/Shutterstock.com, 75 u.: thatmacroguy/Shutterstock.com, 75 o. re.: Dimijana/Shutterstock.com, 75 o. li.: Henri Koskinen/Shutterstock.com, 76 o.: Protasov AN/Shutterstock.com, 76 u. re.: Elena Masiutkina/Shutterstock.com, 76 u. li.: Sally Clarke/Shutterstock.com, 77 u.: Julietphotography/Shutterstock.com, 77 o. li.: Zanman22/Shutterstock.com, 77 o. re.: Stephane BDC/Shutterstock.com, 78: robert paul van beets/Shutterstock.com, 79 o.: Judy Kennamer/Shutterstock.com, 79 u. re.: webexx/Shutterstock.com, 79 u. li.: Del Boy/Shutterstock.com, 80 u. li.: lcrms/Shutterstock.com, 80 o. re.: sylv1rob1/Shutterstock.com, 80 u. re.: lcrms/Shutterstock.com, 80 o. li.: thatmacroguy/Shutterstock.com, 81 u. li.: SanderMeertinsPhotography/Shutterstock.com, 81 o.: Alis Photo/Shutterstock.com, 81 u. re.: ShyLama Productions/Shutterstock.com, 82: Helen Sushitskaya/Shutterstock.com; 84: PAUL ATKINSON/Shutterstock.com; 85 o. li.: Cornelia Pithart/Shutterstock.com; 85 o. re.: Starover Sibiriak/Shutterstock.com; 85 u.: EvGavrilov/Shutterstock.com; 86 o.: Kritchai7752/Shutterstock.com; 86 u.: krolya25/Shutterstock.com; 87 o. li.: Anestv/Shutterstock.com; 87 o. re.: Tomasz Klejdysz/Shutterstock.com; 87 u.: ArtCookStudio/Shutterstock.com; 88 o.: Hinochika/Shutterstock.com; 88 u. li.: ULD photo life/Shutterstock.com; 88 u. re.: Kazakov Maksim/Shutterstock.com; 89: Tim Snow/Shutterstock.com; 90 o.: Steve Cymro/Shutterstock.com; 90 u. li.: Tomasash/Shutterstock.com; 90 u. re.: Jiri Prochazka/Shutterstock.com; 91 o.: mizy/Shutterstock.com; 91 u.: Jiri Prochazka/Shutterstock.com; 92 o.: Ekaterina Kamenetsky/Shutterstock.com; 92 u. li.: mykhailo pavlenko/Shutterstock.com; 92 u. re.: Grandpa/Shutterstock.com; 93: mykhailo pavlenko/Shutterstock.com; 94 o.: Dimitrios/Shutterstock.com; 94 u. li.: Somogyi Laszlo/Shutterstock.com; 94 u. re.: nnattalli/Shutterstock.com; 95 o.: Ikhwan Aris/Shutterstock.com; 95 u.: Stanislav71/Shutterstock.com; 96 o.: aniana/Shutterstock.com; 96 u. li.: Floki/Shutterstock.com; 96 u. re.: I_love_life/Shutterstock.com; 97: Serega_tm/Shutterstock.com; 98 o.: NadyGinzburg/Shutterstock.com; 98 u. li.: OtiKo/Shutterstock.com; 98 u. re.: TMsara/Shutterstock.com; 99 o.: AlinaMD/Shutterstock.com; 99 u.: SingjaiStock/Shutterstock.com; 100 o.: Kate Hottenstein/Shutterstock.com; 100 u. li.: victoras/Shutterstock.com; 100 u. re.: Chris Moody/Shutterstock.com; 101: Olha Solodenko/Shutterstock.com; 102 o.: OlgaPonomarenko/Shutterstock.com; 102 u.: ThunderWaffle/Shutterstock.com; 103 o.: Tunatura/Shutterstock.com; 103 u. li.: Tunatura/Shutterstock.com; 103 u. re.: TMsara/Shutterstock.com; 104 o.: InfoFlowersPlants/Shutterstock.com; 104 u. li.: N. Mitchell/Shutterstock.com; 104 u. re.: Henrik Larsson/Shutterstock.com; 105: Agnes Kantaruk/Shutterstock.com; 106 o.: aimpol buranet/Shutterstock.com; 106 u. li.: Tomasz Klejdysz/Shutterstock.com; 106 u. re.: Kazakov Maksim/Shutterstock.com; 107 o.: Melica/Shutterstock.com; 107 u.: Carmen Hauser/Shutterstock.com; 108 o.: Yellowj/Shutterstock.com; 108 u. li.: Protasov AN/Shutterstock.com; 108 u. re.: Songkran Wannatat/Shutterstock.com; 109: Savo Ilic/Shutterstock.com; 110 li.: Tomasz Klejdysz/Shutterstock.com; 110 re.: Viktorialvanets/Shutterstock.com; 111 o. li.: Floki/Shutterstock.com; 111 o. re.: Zapylaiev Kostiantyn/Shutterstock.com; 111 u.: Sergey D/Shutterstock.com; 112: sanddebeautheil/Shutterstock.com; 113 o.: Elena Masiutkina/Shutterstock.com; 113 u. li.: Algirdas Gelazius/Shutterstock.com; 113 u. re.: TMsara/Shutterstock.com; 114 li.: stmilan/Shutterstock.com; 114 re.: AJCespedes/Shutterstock.com; 115 o. li.: marina kuchenbecker/Shutterstock.com; 115 o. re.: beauty_talking/Shutterstock.com; 115 u.: Floki/Shutterstock.com; 116 o.: Svetlana Foote/Shutterstock.com; 116 u. li.: kostasgr/Shutterstock.com; 116 u. re.: Jean Faucett/Shutterstock.com; 117 o.: Ann Worthy/Shutterstock.com; 117 u.: Grandpa/Shutterstock.com; 118 o.: corners74/Shutterstock.com; 118 u. li.: PKDAENG/Shutterstock.com; 118 u. re.: AJCespedes/Shutterstock.com; 119: Aleksandra Antic/Shutterstock.com; 120: Naffarts/Shutterstock.com; 121 o.: Nataliia Melnychuk/Shutterstock.com; 121 u. li.: Phil Darby/Shutterstock.com; 121 u. re.: Kuttelvaserova Stuchelova/Shutterstock.com; 122 o.: Tatjana Zavjalova/Shutterstock.com; 122 u. li.: Plant Pathology/Shutterstock.com; 122 u. re.: Miyuki Satake/Shutterstock.com; 123 o.: Naaman Abreu/Shutterstock.com; 123 u.: TwilightArtPictures/Shutterstock.com; 124 o.: Magdalena Kucova/Shutterstock.com; 124 u. li.: Floki/Shutterstock.com; 124 u. re.: Tomasz Klejdysz/Shutterstock.com; 125: Del Boy/Shutterstock.com; 126 o.: Wollertz/Shutterstock.com; 126 u. li.: Protasov AN/Shutterstock.com; 126 u. re.: Vadim Gouida/Shutterstock.com; 127 o.: swathi5853/Shutterstock.com; 127 u.: Tomasz Klejdysz/Shutterstock.com; 128 o.: Gregory Johnston/Shutterstock.com; 128 u. li.: MegSopki/Shutterstock.com; 128 u. re.: thatmacroguy/Shutterstock.com; 129: Shebeko/Shutterstock.com; 130 o.: Alexander Raths/Shutterstock.com; 130 u. li.: Dieter Hawlan/Shutterstock.com; 130 u. re.: Tamonwan_Newnew/Shutterstock.com; 131 o.: Lori Martin/Shutterstock.com; 131 u.: Tomasz Klejdysz/Shutterstock.com; 132 o.: Nadezda Verbenko/Shutterstock.com; 132 u. li.: IanRedding/Shutterstock.com; 132 u. re.: Anastasia_Panait/Shutterstock.com; 133 o.: Plant Pathology/Shutterstock.com; 133 u. li.: Elena Masiutkina/Shutterstock.com; 133 u. re.: joloei/Shutterstock.com; 134 o.: Catalin Petolea/Shutterstock.com; 134 u. li.: Tomasz Klejdysz/Shutterstock.com; 134 u. re.: Graham Corney/Shutterstock.com; 135: Altin Osmanaj/Shutterstock.com; 136: Ekaterina SU/Shutterstock.com; 137 o. li.: A. Ivashchenko/Shutterstock.com; 137 o. re.: Sarah2/Shutterstock.com; 137 u.: Tomasz Klejdysz/Shutterstock.com; 138: Tunatura/Shutterstock.com; 139 o. li.: Pavel Krasensky/Shutterstock.com; 139 o. re.: agrofruti/Shutterstock.com; 139 u.: PRESSLAB/Shutterstock.com; 140 o.: Melinda Nagy/Shutterstock.com; 140 u.: iyd39/Shutterstock.com; 141 o.: Ezume Images/Shutterstock.com; 141 u. li.: CatherineL-Prod/Shutterstock.com; 141 u. re.: ChWeiss/Shutterstock.com; 142 o.: Kuznetsov Alexey/Shutterstock.com; 142 u. li.: MARGRIT HIRSCH/Shutterstock.com; 142 u. re.: Tomasz Klejdysz/Shutterstock.com; 143: FooTToo/Shutterstock.com; 144 o.: Serguei Levykin/Shutterstock.com; 144 u. li.: TMsara/Shutterstock.com; 144 u. re.: Floki/Shutterstock.com; 145 o.: krolya25/Shutterstock.com; 145 u.: Tomasz Klejdysz/Shutterstock.com; 146 o.: Andrea Wilhelm/Shutterstock.com; 146 u. li.: photowind/Shutterstock.com; 146 u. re.: Tomasz Klejdysz/Shutterstock.com; 147: Igor Normann/Shutterstock.com; 148 o.: Shulevskyy Volodymyr/Shutterstock.com; 148 u. li.: Kazakov Maksim/Shutterstock.com; 148 u. re.: Timonina/Shutterstock.com; 149 o.: LianeM/Shutterstock.com; 149 u.: Marush/Shutterstock.com; 150 o.: Kostiantyn Kravchenko/Shutterstock.com; 150 u. li.: Dudakova Elena/Shutterstock.com; 150 u. re.: Heiti Paves/Shutterstock.com; 151 o.: Anna Om/Shutterstock.com; 151 u.: Vadym Zaitsev/Shutterstock.com; 156: ivancreative/Shutterstock.com; Coverabbildungen: o. li.: encierro/Shutterstock.com, o. re.: Robert Kneschke/Shutterstock.com, o. Mi.: Brandon Blinkenberg/Shutterstock.com, großes Bild: Lyashenko Egor/Shutterstock.com, Mi. u.: Marija Stepanovic/Shutterstock.com, u. li.: CatherineL-Prod/Shutterstock.com, u. Mi.: Robert Przybysz/Shutterstock.com, u. re.: Joshua Resnick/Shutterstock.com